LEBEN mit TRENNKOST

URSULA SUMM

LEBEN mit TRENNKOST

FALKEN

Inhalt

Leben mit Trennkost

Rezeptteil

Anhang

Vorwort

Eigentlich wollte ich kein weiteres Buch mehr über die Haysche Trennkost schreiben, schilderte ich doch all mein Wissen um diese Ernährungsform in fünf Büchern. Darin berichtete ich ausführlich über das Trennungsprinzip, Stoffwechselvorgänge im Körper, Trennkost für Berufstätige, Gewichtsabnahme und vieles mehr.

Doch die Zeit bleibt nicht stehen: Neue Horizonte öffnen sich, und neue Ideen und Gedanken entwickeln sich weiter. Ich begriff, daß ich Sie jetzt nicht auf halbem Wege stehen lassen kann. Denn mittlerweile ist mir klargeworden, daß ich auch über die positiven Auswirkungen dieser gesunden Ernährungsweise berichten muß. Ich möchte Sie jetzt darüber aufklären, daß sich durch die Haysche Trennkost im körperlichen wie im geistigen Sinne eine Wandlung vollzieht, und daß Trennkost so mehr bedeutet als nur getrenntes Essen.

Gesunde Ernährung – der Weg zu Gesundheit und Glückseligkeit

Schon viele Menschen konnten die geheime Botschaft der Trennkost entschlüsseln, die stufenweise das Bewußtsein ins Positive verändert. Natürlich ist es ein weiter Weg bis hin zu Gesundheit und Glückseligkeit, doch der Anfang kann in der Ernährung liegen. Durch die Reinigung des Körpers öffnet sich eine ganze Palette neuer Möglichkeiten. Zu meiner Freude stelle ich immer wieder fest, wie Menschen durch die Ernährungsumstellung eine persönliche Veränderung erleben und die Fähigkeit entwickeln, mehr zu fühlen und zu spüren. Viele bekommen eine neue Einstellung sich selbst und anderen gegenüber. Und darauf kommt es letztlich an – weniger gleichgültig und stumpf durchs Leben zu gehen. Was gibt es Schöneres, als heiter und gelassen die Fülle des Lebens zu genießen, „auf Wolke sieben zu schweben", alles hinter sich zu lassen und aus der Enge auszubrechen? Es sind die eigene Begrenzung, die selbstauferlegten Zwänge sowie das sture Verfolgen alter Gewohnheiten, die Körper, Geist und Seele gefangenhalten. Befreien Sie sich! Sie haben in jedem Moment Ihres Lebens die Fähigkeit, sich zu verändern. Sie brauchen nur ein inneres „Ja". Wer einmal von dieser Freiheit gekostet hat, kann nicht mehr zurück.

In diesem Buch möchte ich Ihnen daher nicht nur die Trennkost näherbringen, sondern Ihnen auch einen Weg zeigen, wie Sie mit Hilfe von Ismakogie und Yoga zu einer ungeahnten Lebensfreude finden können.

Das Geheimnis liegt in der Schwingung

Vielleicht finden Sie meine Worte jetzt verwirrend und können absolut keinen Zusammenhang zwischen Ernährung, Freiheit und Glückseligkeit finden. Doch sehen Sie es einmal so: Die Nahrung ist ein Bindeglied zwischen Geist und Körper. Der Mensch braucht Nahrung, um die verbrauchten Kräfte zu ersetzen; der Körper meldet ihm dies durch ein Hungergefühl. Wir essen, und ein Gefühl der Freude und Befriedigung stellt sich ein – vorausgesetzt, das Gegessene war ein kulinarischer Genuß.

Um dieser Freude und diesem Genuß einen Höhepunkt zu geben, verfälschte der Mensch mit Hilfe von Geschmacksverstärkern und anderen Zusatzstoffen die Nahrungsmittel, um sie haltbarer zu machen. Doch ein übermäßiger Genuß dieser Speisen kann dazu führen, daß der Mensch das Mengenmaß verliert und trotz Überfluß an starkem Mangel leidet. Fertiggerichte, Fast food, Lightprodukte und dergleichen haben derzeit Hochkonjunktur, doch diesen Speisen mangelt es an Lebendigkeit, es fehlt das Licht in der Nahrung. Und hier finden Sie den Zusammenhang zwischen Ernährung und Glückseligkeit. Das Geheimnis liegt in der Schwingung der natürlichen Speisen.

Das Wort „Schwingung" mag Ihnen vielleicht fremd klingen. Aber zum Beispiel in der Bach-Blüten-Therapie werden Krankheiten und Mißstimmungen mit großem Erfolg mit Hilfe von Blütenessenzen und deren Schwingungen behandelt. Noch ein Beispiel: Die Yogatheorie besagt, daß in der natürlichen, unverfälschten Nahrung unendlich viele Speisepranas enthalten sind, die erst durch sorgfältiges Kauen befreit werden. „Prana" ist die nicht sichtbare Lebensenergie, die Schwingung der Nahrung, der Luft und die Schwingung in allem Lebendigen. In ihr steckt die natürliche Kraft, die das Leben zu dem Vergnügen macht, das es eigentlich sein sollte.

Wenn man bedenkt, wie viele Menschen sich überwiegend von industriell hergestellten Nahrungsmitteln ernähren, beginnt man zu verstehen, warum es so viele Unglückliche, Aggressive und Kranke auf der Erde gibt.

Schon Dr. Howard Hay erkannte in den dreißiger Jahren die Kraft der natürlichen Speisen. Er erfand eine einfache und leicht zu erlernende Methode, sich gesund zu ernähren – die Trennkost.

Mein Weg zu einem erfüllten Leben

Seit 1980 befasse ich mich mit der Hayschen Trennkost. Ich durfte am eigenen Leib die enorme Wirkung dieser Ernährungsweise erfahren. Damals war ich sehr krank und stark übergewichtig. Durch die Trennkost fand ich dann aber zu einem gesunden, harmonischen Leben zurück. In dieser Zeit wurde mir bewußt, daß man einen gesunden, entspannten, wachen, vitalen und lebendigen Körper braucht, um ein glückliches, erfülltes Leben führen zu können. Erst dann kann sich eine Lebensenergie entfalten, die die Türen zu mehr seelischer Freiheit, Zufriedenheit und Weisheit öffnet. Mein Weg führte mich anfangs zur Ismakogie und später zu Yoga. Und 1991 erlebte ich eine Transformation, die mein ganzes Leben veränderte. Heute weiß ich, daß die Welt von Wundern und unbegrenzten Möglichkeiten erfüllt ist. Doch dies ist nicht unbedingt eine Sache des Verstandes, sondern des Gefühls.

Haben Sie Lust bekommen, zusammen mit mir auf eine kleine harmonische Reise zu gehen? Dann entspannen Sie sich, und erlauben Sie mir, Ihnen von meinen vielen Ideen und Entdeckungen zu erzählen.

Die Haysche Trennkost

Meine größte Entdeckung für mich selbst

Mein Leben war geprägt von frustrierenden Diätversuchen. Ich war sehr krank sowie stark übergewichtig und probierte alles aus, was mir der Markt bot – aber immer ohne Erfolg. Dann endlich hatte ich das entscheidende Erlebnis. Anläßlich eines Vortrags über gesunde Ernährung hörte ich erstmals etwas über „getrenntes Essen". Mein Interesse war riesengroß. Ich brannte vor Neugier, forschte anschließend in verschiedenen Büchern, suchte Gespräche und machte Eigenversuche. Ich suchte weitere Informationen zu diesem Thema. Einfach war dies nicht – woher sollte ich weitere Tips bekommen? Die Trennkost war zu dieser Zeit ja noch nahezu unbekannt.

Meine Suche führte mich zum besten aller Lehrmeister, zu Dr. Ludwig Walb, Chefarzt einer Stoffwechselklinik und Autor des Buches „Original Haysche Trennkost". Er konnte mir aus erster Hand erklären, was es bedeutet, getrennt zu essen. Zu meiner Überraschung war Dr. Walb bereit, mit mir zu sprechen. Ich hatte nicht erwartet, einen so hilfsbereiten Menschen anzutreffen. Seine innere Kraft und Überzeugung rissen mich mit, und schon kurze Zeit später war meine Begeisterung für die Trennkost ebenso groß wie seine.

Er erzählte mir die Geschichte des amerikanischen Arztes Dr. Howard Hay, der aufgrund seines schweren Nierenleidens eine Ernährungsform entwickelte, die ihm half. Dr. Hay verwarf alle Regeln des „normalen" Essens. Er trennte die sehr eiweißreichen Nahrungsmittel von den sehr kohlenhydratreichen, teilte sie außerdem in basenbildende und säurebildende auf und ernährte sich vollwertig. Er wollte keine neue Diät entwickeln. Sein Ziel war es vielmehr, durch eine harmonische und auch logische Lebensführung wieder gesund zu werden – und das ist ihm auch gelungen.

Warum die Trennkost so gesund ist

Bei der original Hayschen Trennkost stehen das körperliche Wohlbefinden und die seelische Harmonie im Vordergrund. Es geht hier besonders darum, eine gewisse Ordnung in das Leben zu bringen. Das Zusammenspiel zwischen Körper, Geist und Seele schließt die gesamte Lebensführung mit ein. Doch davon später.

Der Körper muß Tag für Tag einiges verkraften: Falsche Ernährung, unzureichende Bewegung, geringe Sauerstoffzufuhr, Streß und Hektik wirken ebenso belastend wie Alkohol, Nikotin oder andere Stimmungsmacher. Um gesund und leistungsfähig zu sein, will der Körper gepflegt und verwöhnt werden. Fangen Sie mit der inneren Pflege an. Versorgen Sie Ihre Zellen durch Trennkost mit allen lebensnotwendigen Stoffen, damit Sie fit und gesund durchs Leben gehen können. Es ist erwiesen, daß Gesundheit und Wohlbefinden in erheblichem Maße von der richtigen Ernährung und von der damit verbundenen ausreichenden Versorgung mit Nährstoffen, Vitaminen, Mineral- und Ballaststoffen abhängig sind.

Die Trennkost erfüllt die Forderung von Hippokrates: „Die Nahrung soll Euer Heilmittel sein!" Leider glauben viele Menschen, daß gesunde Nahrung nicht gut schmecken kann. Das ist falsch! Für dieses Buch habe ich viele leckere Rezepte entwickelt, die zeigen, daß gesunde Ernährung mit viel Genuß verbunden sein kann. Probieren Sie sie aus!

Die Philosophie der Hayschen Trennkost

Laut Dr. Howard Hay stützt sich die Trennkost auf drei Säulen:

- Die Trennung von Eiweiß und Kohlenhydraten
- Die Natürlichkeit und Vollwertigkeit der Lebensmittel
- Die Erhaltung des Säure-Basen-Gleichgewichts.

Die Trennung von Eiweiß und Kohlenhydraten

„Zurück zur Natur, zum Einfachen; nur auf diesem Weg können wir die verlorengegangene Gesundheit wiederfinden." So ähnlich dachte wohl Dr. Hay, als er in den dreißiger Jahren die Haysche Trennkost entwickelte.

Der menschliche Körper grenzt in seiner unendlichen Perfektion fast an ein Wunder. Damit er richtig funktioniert, braucht er unter anderem eine optimale Ernährung, die zusätzlich die biochemischen Gesetze der Verdauungsorgane berücksichtigt. Für die Verdauung von Eiweiß und Kohlenhydraten sind unterschiedliche Enzyme verantwortlich. Außerdem benötigt der Körper für die Eiweißverdauung ein saures und für die Kohlenhydratverdauung ein leicht basisches Milieu.

Darum trennte Dr. Hay die überwiegend eiweißhaltigen Nahrungsmittel von den überwiegend kohlenhydrathaltigen, um so diese Ordnung und Harmonie im Verdauungssystem aufrechtzuerhalten. Hierbei strebte er keine hundertprozentige Trennung an, sondern nur eine Trennung der Extreme.

Die Verdauungsvorgänge in unserem Körper

Eiweiß kommt in größeren Mengen in Fleisch, Fisch, Milch, Milchprodukten, Käse und Eiern vor. Im Magen wird es mit Hilfe von Salzsäure und dem Verdauungsenzym Pepsin (die beide im Magen gebildet werden) in kleinere Bausteine, die sogenannten Peptide, zerlegt.

Kohlenhydrate kommen reichlich in Getreide, Brot, Nudeln, Kartoffeln und Reis vor. Ihre Verdauung ist vom Enzym Amylase abhängig und beginnt bereits im Mund mit Hilfe des Speichels, der Amylase enthält. Um diese Vorverdauung durch die Amylase zu gewährleisten, ist gründliches Kauen von größter Wichtigkeit. Kaut man zum Beispiel längere Zeit ein Stück Brot, das sehr viel Stärke (also Kohlenhydrate) enthält, so nimmt man deutlich einen zunehmend süßlichen Geschmack wahr. Und das läßt sich folgendermaßen erklären: Beim Kauen wird die neutralschmeckende Stärke des Brotes in kleinere Teile zerlegt, also vorverdaut. Diese dabei entstehenden sogenannten Dextrine schmecken süß.

Ißt man während einer Mahlzeit gleichzeitig reichlich Eiweiß und Kohlenhydrate, so bricht man laut Dr. Hay die Verdauungsgesetze. Beim Verzehr von Eiweiß wird nämlich im Magen die Produktion von Salzsäure und Pepsin in Gang gesetzt. Diese Säfte behindern die Wirkung der Amylase aus dem Speichel, und die Kohlenhydrate können nicht ausreichend aufgespalten werden. Ißt man nur Kohlenhydrate, dann entstehen nur wenige saure Säfte im Magen, und die Wirkung der Amylase bleibt besser erhalten. Die Kohlenhydrate können so besser verdaut werden.

Eine sehr wichtige Rolle im Verdauungsprozeß spielt die Bauchspeicheldrüse (Pankreas). Dieses Organ erfüllt mehrere lebensnotwendige Aufgaben und ist daher unersetzlich. Es besteht aus zwei Teilen: In

dem einen Teil werden die Hormone Insulin und Glukagon produziert, die bei Bedarf ins Blut abgegeben werden, um dort den Blutzuckerspiegel zu regulieren. Im anderen Teil erfolgt die Bildung von Verdauungsenzymen, zum Beispiel von Trypsin und Chymotrypsin (eiweißspaltende Enzyme), Amylase (kohlenhydratspaltendes Enzym) sowie Lipase (fettspaltendes Enzym). Diese werden in den Dünndarm abgegeben und zerlegen dort die bereits in Mund und Magen vorverdauten Nährstoffe vollständig.

Damit die komplizierten und vielfältigen Verdauungsvorgänge reibungslos ablaufen können, sollte man die Bauchspeicheldrüse keinesfalls überfordern. Werden beispielsweise Nahrungsmittel stets falsch kombiniert und in zu großen Mengen verzehrt, dann kann es durch die Überlastung der Bauchspeicheldrüse zu einer verzögerten und nicht ausreichenden Verdauung kommen. Liegen die unvollständig verdauten Nahrungsbestandteile dann zu lange im Darm, kommt es durch Wärme und Feuchtigkeit zu Gärung und Fäulnis. Dabei entstehen unangenehm blähende Gase.

Die Oberfläche der Dünndarmschleimhaut ist von vielen Millionen kleinster Zotten übersät. Diese haben die Aufgabe, die zerlegten Nahrungsbestandteile sowie Vitamine, Mineralstoffe, Enzyme und Spurenelemente aufzunehmen und zur Leber zu transportieren, die all diese Stoffe dann umbaut, abbaut, speichert oder bestimmten Organen oder Zellen zukommen läßt. Die Leber ist also das zentrale Organ unseres Körpers. Ungünstig zusammengestellte Nahrung belastet demnach nicht nur das Verdauungssystem, sondern unter anderem auch so wichtige Organe wie die Leber.

Die drei Lebensmittelgruppen in der Trennkost

Sind Sie ein fortgeschrittener Trennköstler, oder stekken Sie noch in den Anfangsschuhen? Aus Erfahrung durch meine früheren Trennkostseminare weiß ich, daß einem erfahrenen Trennköstler eine getrennte Mahlzeit keinerlei Probleme bereitet. Er schätzt das angenehme, leichte Gefühl der richtig kombinierten Speisen. Der Anfänger hingegen benötigt manchmal etwas Zeit zur Umgewöhnung. Haben Sie Geduld mit sich und Ihren Familienmitgliedern. Begreifen Sie, daß mit Gewalt nichts zu erreichen ist. Aus diesem Grund bekommen Sie von mir auch keinen verbindlichen Speiseplan. Der Wochenplan auf den Seiten 50 und 51 des Buches soll Ihnen nur die erste Zeit mit der Trennkost erleichtern und Ihnen helfen, das System der Trennkost zu verstehen. Ihre persönliche Freiheit liegt mir sehr am Herzen, und mit meinen Vorschlägen können Sie im Laufe der Zeit Ihr eigenes Trennkostprogramm entwickeln.

Um die Lebensmittel richtig trennen zu können, müssen Sie natürlich wissen, welche in die Eiweiß-, welche in die Kohlenhydrat- und welche in die neutrale Gruppe gehören. Der Trennungsplan auf den Seiten 44 bis 47 macht Ihnen dies leicht. „Neutral“ im Sinne der Trennkost heißt, daß diese neutralen Lebensmittel weder die Eiweißverdauung noch die Kohlenhydratverdauung stören. Sie harmonieren mit allen Lebensmitteln und dürfen daher sowohl mit eiweißreichen als auch mit kohlenhydratreichen zusammen verzehrt werden. Möglicherweise empfinden Sie diese Zuordnung als widersprüchlich, sie beruht aber auf langjährigen Erfahrungen. So sind z. B. gesäuerte Milchprodukte eiweißreich, gelten aber dennoch als neutral, da das Eiweiß durch die Säuerung verändert wurde und so leichter verdaulich ist. Rohes Fleisch und roher Fisch sind ebenfalls eiweißreiche Lebensmittel. Sie gelten in der Trennkost aber als neutral, weil ihre Zellstrukturen noch so sind, wie die Natur sie gebildet hat. Durch ein Erhitzen werden die Zellstrukturen verändert und das Eiweiß ist dann laut Dr. Hay schwerer verdaulich. Dennoch sollen rohes Fleisch und roher Fisch nur in Maßen verzehrt werden, da sie nicht zu den empfehlenswerten Lebensmitteln zählen (siehe auch die Rubrik „Diese Lebensmittel bitte meiden“ im Trennungsplan auf der Seite 47).

Zu den neutralen Lebensmitteln gehören nach dem Verständnis der Trennkostlehre alle Fette, naturbelassenen Öle und Butter sowie alle sehr fettreichen Lebensmittel, wie Sahne, vollfetter Käse (ab 60% Fett i. Tr.), geräucherter Fisch und rohe Wurstwaren. Und das hat folgenden Grund: Fett wird nicht im Magen, sondern erst im oberen Teil des Dünndarms verdaut. Somit stört es den vorangegangenen Verdauungsprozeß nicht. Obwohl diese Fette und fettreichen Lebensmittel unsere Verdauung nicht ungünstig beeinflussen, sollten Sie sie nicht zu häufig und auch nie in sehr großen Mengen verzehren.

Mit einigen Lebensmitteln, auch mit einigen neutralen, sollten Sie vorsichtiger umgehen und sie nicht zu häufig verzehren. Zu diesen zählen Fleisch, Wurst und Schinken, aber auch Geräuchertes und Gepökeltes. Auch wenn Sie solche Nahrungsmittel im Trennungsplan finden, dürfen Sie dies keinesfalls als Aufforderung zu reichlichem Verzehr verstehen. Dies soll nur zeigen, zu welcher Gruppe bestimmte Nahrungsmittel gehören. Schließlich können Sie selbst entscheiden, was Sie essen möchten.

Tips für die Nahrungszusammenstellung

Die Trennkost ist deshalb so beliebt, weil jeder nach eigenem Geschmack seine Mahlzeit zusammenstellen und unter sehr vielen Nahrungsmitteln frei auswählen kann. Bei dieser Fülle an Kombinationsmöglichkeiten wird sich Ihr Gaumen bestimmt nicht langweilen, und Gefühle des Verzichts kommen erst gar nicht auf.

Nachfolgend finden Sie verschiedene allgemeine Vorschläge, wie Trennkostmahlzeiten zusammengestellt werden und welche Mengen empfehlenswert sind.

Vorschläge für Eiweißmahlzeiten:
1 Teil Fleisch, Fisch, Eier, Käse oder gegarte Wurstsorten (zum Beispiel 1 Teil = 100 g);
dazu 3–4 Teile Gemüse und Salat, gegart oder als Rohkost (entsprechend 300–400 g).

Beispiele:

- 100–150 g Fleisch;
  dazu ca. 400 g Gemüse, Salat und/oder Rohkost

- 200 g gedünsteter Fisch;
  dazu ca. 400 g Gemüse, Salat und/oder Rohkost

- 2 Eier;
  dazu ca. 400 g Gemüse, Salat und/oder Rohkost

- 60–80 g Käse (bis 50 % Fett i. Tr.);
  dazu ca. 300 g Gemüse,
  Salat und/oder Rohkost

- 80 g gekochte Wurstsorten;
  dazu ca. 300 g Gemüse, Salat und/oder Rohkost

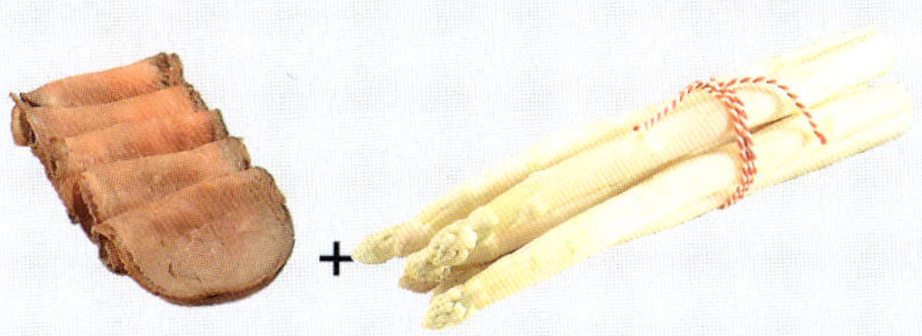

Falls ein Mitglied Ihrer Familie nicht nach Trennkost essen möchte, können Sie die einzelnen Eiweißmahlzeiten mit Getreide, Kartoffeln, Reis, Nudeln oder Brot ergänzen.

Vorschläge für Kohlenhydratmahlzeiten:
1 Teil Getreide, Kartoffeln, Naturreis oder Vollkornnudeln (zum Beispiel 1 Teil = 100 g; dieses Gewicht bezieht sich auf das gegarte Lebensmittel);
dazu 3–4 Teile Gemüse und Salat, gegart oder als Rohkost (entsprechend 300–400 g).

Beispiele:

- 50 g Getreide (roh gewogen) oder 100 g Vollkornbrot;
  dazu ca. 400 g Gemüse, Salat und/oder Rohkost

- 200 g Kartoffeln;
  dazu ca. 400 g Gemüse, Salat und/oder Rohkost

- 60 g Naturreis (roh gewogen);
  dazu ca. 400 g Gemüse, Salat und/oder Rohkost

- 60 g Vollkornnudeln (roh gewogen);
  dazu ca. 400 g Gemüse, Salat und/oder Rohkost

Auch hier können Sie die einzelnen Kohlenhydratmahlzeiten für „Nicht-Trennköstler“ in Ihrer Familie mit Fleisch, Geflügel, Fisch, Meeresfrüchten, Käse, Eiern oder Wurst ergänzen.

Die Natürlichkeit und Vollwertigkeit der Lebensmittel

Viele Menschen sehen immer noch nicht den Zusammenhang zwischen Gesundheit und Ernährung. Doch gerade die Nahrung baut mit den in ihr enthaltenen Nährstoffen, Vitaminen, Mineralstoffen, Spurenelementen und Enzymen Körper und Geist des Menschen auf und sorgt dafür, daß sie richtig funktionieren. Man darf also nicht glauben, daß man immer gesund und freudestrahlend durchs Leben geht, wenn man alles mögliche in sich hineinschlingt.

In meinem Vorwort schreibe ich von Licht in der Nahrung, Schwingungen und Prana. Selbst wenn Sie im Augenblick diese Worte nicht begreifen können, so werden Sie mir sicher zustimmen, daß in den natürlichen Nahrungsmitteln bedeutende Energien wirken. Ein kleines, unscheinbares Getreidekorn beispielsweise öffnet sich, um die dort eingeschlossenen Energien zu befreien. Unter der Einwirkung von Erde, Wasser, Sauerstoff und Sonnenstrahlen entwickelt sich dann eine Pflanze, die uns all ihre Reichtümer schenkt, die sie besitzt.

Probleme der Fast-food-Gesellschaft

Vielen Menschen steht für den Einkauf und für die Zubereitung ihrer Mahlzeiten immer weniger Zeit zur Verfügung. Der Griff zum schnellen Fertiggericht ist daher nicht verwunderlich. Eine selbstgemachte Gemüsesuppe macht natürlich mehr Mühe als das „Zusammenrühren" einer Fertigsuppe. Angeregt durch dieses Eßverhalten, hat die Lebensmittelindustrie im Laufe der Zeit feine Delikatessen entwickelt. Die darin enthaltenen künstlichen Geschmacks- und Geruchsstoffe treffen unsere sensiblen Geschmacksnerven genau an der richtigen Stelle und verleiten dazu, mehr von einem Produkt zu essen, als man eigentlich wollte. Die Zusatzstoffe zielen genau auf unsere Sinne – der Gaumenkitzel ist perfekt. Der Appetit wird auf unnatürliche Weise angeregt, und es kommt nicht mehr zum natürlichen Sättigungsgefühl.

Lassen wir uns wirklich so leicht manipulieren? Natürlich gehört der Genuß zum Essen, und Gaumenkitzel regt die Sinne an. Essen ist eine Lebensfreude. Gegen den gelegentlichen Konsum dieser industriell hergestellten Fertigprodukte ist sicher nichts zu sagen, solange die übrige Ernährung stimmt. Bedrohlich für unsere Gesundheit wird es erst, wenn Fertigprodukte die natürlichen Grundnahrungsmittel vom täglichen Speiseplan verdrängen. Mit einer natürlichen, vollwertigen Kost erhält unser Körper alle Nährstoffe, die er benötigt. Und so sollte die Lebensmittelauswahl in der Vollwertkost aussehen: viel Gemüse, Salat, Rohkost, Obst, Fisch, Kartoffeln und Vollkornerzeugnisse, zusätzlich zum Verfeinern in kleinen Mengen Milch und Milchprodukte, Samen, Kerne, Nüsse und kaltgepreßte Öle. Fleisch steht nur sehr selten auf dem Speiseplan. Außerdem sollten Sie Produkte der Saison aus regionaler Herkunft bevorzugen.

Die naturbelassene Nahrung regt mit ihrem natürlichen Geschmack den Appetit an, gewährleistet gleichzeitig aber auch eine rechtzeitige Sättigung, was bei industriell hergestellten Speisen nicht der Fall ist. In vielen Fällen wird bei diesen das Sättigungsgefühl bewußt unterdrückt, und verschiedene Fertiggerichte hinterlassen nach der Mahlzeit sogar einen gewissen Appetit.

Der Weg zur erfolgreichen Ernährungsumstellung

Es ist nicht immer leicht, den Einstieg in den Umstieg zu finden. Meist hängt man zu sehr an seinen alten Ernährungsgewohnheiten. Lassen Sie sich Zeit, stellen Sie Ihre Ernährung langsam um. Wenn Sie einen empfindlichen Magen oder Darm haben, sollten Sie zunächst testen, welche Gemüsesorten Sie auch roh essen können. Beschränken Sie den Frischkostanteil am Anfang eventuell auf Salate, und dünsten Sie Ihr Gemüse schonend. Auch Menschen mit einem Enzymmangel sollten Schritt für Schritt auf Vollwertkost umstellen und alles sehr sorgfältig kauen. Bedenken Sie, daß der Darm erst wieder trainiert werden muß, natürliche Lebensmittel zu verdauen.

Um Ihnen den Anfang einer Ernährungsumstellung etwas zu erleichtern, habe ich eine kleine Liste von Nahrungsmitteln zusammengestellt, die Ihnen zeigt, was Sie besser meiden und was Sie statt dessen essen sollten. Probieren Sie in kleinen Schritten aus, ob Sie nicht Freude an den natürlichen Produkten entwickeln können.

Alternativen zu industriell hergestellten Lebensmitteln

Bitte meiden	Statt dessen essen
Brot und Gebäck aus Weißmehl	Vollkornprodukte
polierten Reis	Naturreis
Schweinefleisch	Geflügel-, Rind- oder Lammfleisch
Schweineschmalz	Holstener Liesl (schmalzähnlicher, pflanzlicher Brotaufstrich aus dem Reformhaus)
fette Wurst aus Schweinefleisch	magere Geflügelwurst, Sülzen, vegetarische Brotaufstriche
Joghurt mit zuckerhaltigen Fruchtzubereitungen	Naturjoghurt (evtl. frisches Obst daruntermischen)
Zucker oder Süßstoff	Frutilose (siehe Seite 59) oder Honig
Dosengemüse	frisches Gemüse oder notfalls Tiefkühlgemüse
Fertiggerichte	frisch zubereitete Speisen oder eingefrorene selbstgekochte Gerichte
Fruchtsäfte	frisches Obst
Limonaden	verschiedene Teesorten, Mineralwasser
Süßigkeiten	Rosinen, Kerne und Nüsse

Ballaststoffe – unnötiger Ballast?

Aus meiner früheren Erfahrung als Leiterin zahlreicher Trennkostseminare weiß ich, daß viele Menschen Verdauungsprobleme haben. Die Verkaufszahlen und der Gebrauch von diversen Abführmitteln beweisen dies zusätzlich.

Die Einnahme von Abführmitteln – egal ob sie nun als pflanzlich oder nicht angepriesen werden – führt bei einer Einnahme über einen längeren Zeitraum hinweg zu schweren Nebenwirkungen. Es werden zu viele Mineralstoffe aus dem Körper ausgeschieden. Außerdem läßt die natürliche Muskelbewegung des Darms im Laufe der Zeit nach, und bald arbeitet er nicht mehr selbständig. Als Folge verstopft er erst recht. Es kommt zwangsläufig zu einer Selbstvergiftung im Körper. Unreine Haut, Allergien, Müdigkeit oder Infektionen können die anfänglichen Folgen sein.

Was machen so viele Menschen falsch, daß der „natürliche Säuberungsprozeß" nicht mehr so richtig funktioniert?

Verschiedene Dinge können für Verstopfung die Ursache sein:

- falsche Ernährung
- Bewegungsarmut und Trägheit
- zu geringe Flüssigkeitsaufnahme
- streßreiche Lebensweise
- Umweltbelastungen, Pilzbefall oder Medikamentenmißbrauch

Der erste Schritt, dem Darm eine natürliche Hilfe zu bieten, ist die Ernährungsumstellung, zum Beispiel der Verzehr von verstärkt ballaststoffreichen Lebensmitteln (zum Beispiel Müsli, Kleie, Gemüse, Obst und Vollkornprodukte).

Ballaststoffe sind keineswegs unnötiger Ballast, sondern das genaue Gegenteil. Die unverdaulichen Pflanzenfasern können enorm viel Wasser binden; dadurch quellen sie auf und vergrößern das Darmvolumen. Dies führt zu einer Dehnung der Darmwand, was die Darmmuskulatur anregt und den Stuhl zügig in Richtung Ausgang schiebt. Durch die Dehnung der Darmwand werden auf natürliche Weise der oft über längere Zeit angesammelte Stuhl sowie entstandene Fäulnisstoffe wirksam entfernt.

Bei einer ballaststoffreichen Kost sollte man zusätzlich ausreichend Flüssigkeit aufnehmen, zum Beispiel in Form von Kräutertee oder Mineralwasser. Gehen Sie bei Ihrer Ernährungsumstellung schrittweise vor, und steigen Sie langsam auf frisches Gemüse, Salat, Obst und Vollkornprodukte um. Eine radikale Veränderung ist nicht sinnvoll, da der Darm darauf mit starken Blähungen reagieren kann.

Gegen Darmträgheit können Sie aber noch mehr tun, als Ihre Ernährung umzustellen: Im Yogateil des Buches (Seite 27ff.) zeige ich Ihnen einige wirkungsvolle Übungen gegen Darmträgheit. Und im Kapitel Ismakogie finden Sie eine entspannende Schwingung gegen Darmträgheit (Seite 22), die in der Ruhe Bewegung erzielt sowie zusätzlich einen Akupressurpunkt. Lassen Sie sich überraschen.

Die Erhaltung des Säure-Basen-Gleichgewichts

Früher bestanden die Gefangenenmahlzeiten in Venedig nur aus Fleisch. Diese mit Absicht einseitig gewählte Kost bedeutete jedoch für die Inhaftierten den sicheren Tod. Nach einigen Wochen starben sie qualvoll an den Folgen einer Übersäuerung und Fehlernährung. Die einseitige Fleischkost vergiftete langsam den Organismus; im Gewebe sammelten sich so viele Säuren an, daß der gesamte Stoffwechsel der Gefangenen zum Erliegen kam.

Dr. Howard Hay waren die Zusammenhänge zwischen Übersäuerung und Krankheit bekannt. Er wußte, daß sich bei einer übermäßigen „Fleischmast" außerordentlich viele Säuren im Körper bilden und so die Entstehung verschiedener Krankheiten, wie Gicht, Rheuma, Arterienverkalkung, Herzinfarkt, Schlaganfall und Nierenerkrankungen, begünstigt wird. Zu den Säurebildnern zählte er nicht nur das eiweißreiche Fleisch, sondern auch Eier, Fisch und Käse sowie verschiedene kohlenhydratreiche Lebensmittel, wie zum Beispiel den Zucker, polierten Reis und auch geschältes Getreide.

Die Gegenspieler der Säuren sind die Basen. Zu den Basenbildnern unter den Lebensmitteln gehören in der Regel alle pflanzlichen Nahrungsmittel (zum Beispiel Gemüse, Salat und Obst).

Laut Dr. Hay besteht der menschliche Körper zu 20% aus sauren und zu 80% aus basischen Elementen. Dementsprechend empfiehlt es sich, daß auch die täglichen Mahlzeiten zu 20% aus säurebildenden und zu 80% aus basenbildenden Nahrungsmitteln zusammengesetzt sind, damit das natürliche Gleichgewicht nicht gestört wird. Das bedeutet, daß die Gerichte zu einem Großteil aus pflanzlichen Lebensmitteln (Basenbildnern) bestehen sollten. Werden zu wenig Gemüse, Salat, Rohkost und Obst gegessen, kann es zu einem Mangel an wertvollen basischen Mineralstoffen kommen. Der Organismus muß dann auf die eigenen Mineralstoffdepots zurückgreifen. Er nimmt sich die Mineralstoffe dort, wo sie am reichlichsten vorhanden sind, nämlich aus den Gelenken und Kapseln, Knochen, Knorpeln, Sehnen, Bändern und Muskeln. Der Körper kann nämlich nur überleben, wenn zwischen Blut und Gewebe ein Gleichgewicht besteht. Ist dies nicht der Fall, so entmineralisiert er ganz langsam und fast unmerklich. Die ersten Folgen können Muskelsteifheit, Schmerzen in den Gelenken und im Gewebe oder sogar Osteoporose (Knochenentkalkung) sein.

Bei der Entstehung von Säuren in unserem Körper kann neben der Art der Nahrung auch eine dauerhafte seelische Belastung, hervorgerufen durch familiären oder beruflichen Streß, Lärm, Schock, Angst oder übermäßigen Sport, eine Rolle spielen. Weitere Säuren entstehen bei den verschiedenen biochemischen Reaktionen im Körper.

Ein gesunder Organismus ist sicher in der Lage, alle belastenden Substanzen in der Leber abzubauen und über Nieren, Darm, Lunge und Haut wieder auszuscheiden. Langfristig kann jedoch selbst der gesündeste Körper eine unaufhörliche Flut von sauren Rückständen nicht verkraften.

Neben einer harmonischen Lebensweise können wir ein dauerhaftes Säure-Basen-Gleichgewicht nur erreichen, wenn wir unseren Körper mit allen lebensnotwendigen Stoffen versorgen und ihn nicht unnötig durch falsche Ernährung und streßreiche Konflikte belasten.

Übergewicht – was nun?

Schlank und schön zu sein wie ein Fotomodell – davon träumen viele. Aber ist eine schlanke Figur wirklich alles? Stellen wir nicht selbst oftmals viel zu hohe Ansprüche an unser Äußeres? Leben wir nicht jeden Tag erneut unter dem selbstauferlegten Druck, schön und schlank aussehen zu müssen? Wäre es nicht viel sinnvoller, auf dem Boden der Tatsachen zu bleiben und uns diese belastende Einstellung abzugewöhnen? „Dick zu sein ist schlecht, erst wenn ich schlank bin, gehen die Menschen anders mit mir um. Erst dann bin ich attraktiv und werde akzeptiert." Wer so denkt, wird erfolglos von einer Diät zur nächsten wechseln.

Es gibt nichts Schlimmeres und Entmutigenderes, als seinen eigenen Körper abzulehnen oder gar zu hassen. Fühlen Sie sich nicht als Versager, und lassen Sie sich auch nicht von anderen wie einen solchen behandeln. Fangen Sie an, sich selbst zu lieben und zu akzeptieren. Wir sehen nun mal nicht alle so aus wie die Menschen in der Werbung. Ist es sinnvoll, sich oder andere dafür zu verurteilen? Diese Hemmungen und damit verbundenen Vorurteile müssen wir zuerst ablegen, um uns selbst und anderen gegenüber toleranter zu werden.

Fragen an den Übergewichtigen

Alles in unserem Leben hat einen bestimmten Sinn. Nichts an und in unserem Körper geschieht, ohne von unserem Unterbewußtsein gesteuert zu werden. Auch das Übergewicht haben wir selbst produziert und zugelassen. Wenn wir es nun als lästig oder unschön empfinden, müssen wir die Gründe für seine Entstehung herausfinden, damit wir es abbauen können. Aber bitte ohne Gewalt! Druck erzeugt immer Gegendruck. Hier tritt ein altes Naturgesetz in Kraft, und das Abnehmen kann dann nicht funktionieren.

Gehen Sie behutsam mit sich um, und decken Sie Schritt für Schritt alle Fehlerquellen auf. Fragen Sie sich, ob Sie das Essen als Ausweg benutzen, um seelische Probleme besser ertragen zu können. Oder wählen Sie das Essen, um Angst und Enttäuschungen zu verdrängen? Führt Sie das Essen zu einem inneren Vergnügen, das Sie sich nur selbst verschaffen können? Oder fehlt Ihnen das Gefühl der Wärme, Anerkennung oder Zärtlichkeit? Alle diese Bedürfnisse können nämlich vielfach durch Essen befriedigt werden.

Schon Kinder lernen früh, Essen mit guten oder schlechten Gefühlen in Zusammenhang zu bringen. Süßigkeiten als Belohnung, Entzug als Strafe. Auf diese Weise wird Naschen als Erziehungsmittel eingesetzt. Die Verknüpfung angenehmer oder unangenehmer Gefühle mit dem Essen kann später der auslösende Faktor für Übergewicht sein.

Welchen Stellenwert hat bei Ihnen das Essen? Um dies herauszufinden, sollten Sie sich in allen Eßsituationen selbst beobachten. Nur so können Sie herausfinden, wann Sie essen, wie Sie essen, was Sie essen und warum Sie essen. Beobachten Sie auch die Signale Ihres Gehirns, denn von hier erhalten Sie die Befehle für Ihr Verhalten. Essen Sie, weil Sie andere essen sehen? Bekommen Sie Appetit, wenn Sie Lebensmittelwerbung in Schaufenstern, in Illustrierten oder im Fernsehen sehen? Essen Sie aus einer alten Gewohnheit heraus, weil man zu bestimmten Tageszeiten etwas essen muß – zum Beispiel am Nachmittag Kaffee und Kuchen? Wie verhalten Sie sich am Büfett? Essen Sie Ihren Teller immer leer? Welche Gefühle haben Sie, wenn Reste übrigbleiben?

Erforschen Sie sich selbst mit Hilfe dieser Fragen. Seien Sie ehrlich zu sich, und akzeptieren Sie Ihre Entdeckungen, auch wenn Ihnen manches nicht gefällt. Der Sinn dieses Fragespiels ist das Bewußtwerden des eigenen Tuns, um so zu einer harmonischen Einheit zurückzufinden.

Mentale Vorbereitung auf das Abnehmen

Entschärfen Sie Ihren Abnehmstreß, indem Sie sich nicht mehr täglich wiegen. Ihr Ziel sollte es sein, gut auszusehen und sich wohlzufühlen, und nicht die Zahl, die auf der Waage steht. Häufiges Wiegen verursacht Druck und belastende Spannungen. Weiteren Eigendruck erzeugen Sie, wenn Sie sich Dinge, die Sie gerne essen möchten, ständig verbieten. Im Verbotenen liegt der Reiz. Nur so werden Freßanfälle gezüchtet. Wenn Sie die gedankliche Einstellung ablehnen: „Das darf ich nicht essen", wird mit der Zeit das Verlangen weniger werden. Geben Sie Ihre Angst vor dem Essen auf, und Sie werden lernen, mit dem Essen anders umzugehen. Heimliches Essen, verbunden mit Schuldgefühlen, fördert ebenso ein negatives Selbstbild wie die Eigenart, in Gesellschaft nur einen Salat zu essen, um zu zeigen, daß man abnehmen möchte. Es muß Ihnen gleichgültig sein, was andere Menschen von Ihnen denken. Sie brauchen sich nicht schuldig zu fühlen, nur weil bei Ihnen gewichtsmäßig die Sache anders gelagert ist, als bei „natürlich Dünnen".

Befreien Sie sich von Ihrem alten Diätdenken, und entfalten Sie Ihre eigene Persönlichkeit. Lehnen Sie Zwänge oder Extreme jeglicher Art ab, und legen Sie größeren Wert auf das Zusammenspiel zwischen Körper, Geist und Seele. Lernen Sie Ihre Körperfunktionen kennen. Das Wissen über die Ernährung und den damit verbundenen Verdauungsvorgang ist überaus wichtig. Ebenso das Seelenleben, die körperliche Bewegung, das Atmen und die Entspannung. Entwickeln Sie mit Liebe neue Eß- und Verhaltensgewohnheiten, und arbeiten Sie auf eine gewisse innere Zufriedenheit hin.

Tips und Tricks für die Gewichtsabnahme

- Abnehmen ist Ihre rein persönliche Angelegenheit und geht nur Sie etwas an. Planen Sie darum selbst Ihre eigenen Ziele ohne Rücksicht darauf, welche Schlankheitsideale Ihre Familie, Freunde oder Arbeitskollegen haben. Machen Sie sich bewußt, für wen Sie abnehmen möchten. Bedenken Sie immer, daß Sie mit niemandem im Wettbewerb stehen – nicht einmal mit sich selbst.
- Bereiten Sie sich innerlich auf eine Veränderung in Ihrem Leben vor. Freunden Sie sich langsam mit dem Gedanken an, daß es jetzt an der Zeit ist, einmal für sich selbst etwas zu tun. Oberstes Gebot ist, sich selbst zu lieben und zu achten, wobei diese Eigenliebe nichts mit Narzißmus oder Egoismus zu tun hat. Entwickeln Sie einen gefühlvolleren Lebensstil. Beherzigen Sie folgende Weisheit, die Sie hundertmal am Tag in verschiedenen Versionen anwenden können:
  „Es lohnt sich nicht, wegen ein paar restlicher Nudeln ein Völlegefühl im Bauch zu bekommen."
  „Es lohnt sich nicht, über dieses Thema zu streiten."
  „Es lohnt sich nicht, ..."
  Sagen Sie sich auch in gewissen kritischen Situationen: **„Das tue ich mir nicht an, dazu bin ich mir zu wertvoll."** Sammeln Sie mit diesen beiden Sätzen Ihre eigenen Erfahrungen, und spüren Sie dieses Gefühl der Würde und des Wertvollseins. Es öffnet Ihnen die Türen zu einer positiven Veränderung.

- Übergewicht resultiert oftmals aus einem falsch funktionierenden Stoffwechsel und aus einer Überforderung der Organe. Unterstützen Sie Ihren Körper, indem Sie Ihre Mahlzeiten harmonisch aufeinander abstimmen und möglichst viele Lebensmittel mit einem hohen Wassergehalt essen. Salat, Gemüse, Rohkost und Obst enthalten viel Wasser und bieten aufgrund ihres hohen Kaliumgehaltes die ideale Voraussetzung, um abzunehmen und zu entschlacken. Sinnvoll ist es, vor jeder Mahlzeit einen Teller Salat zu essen.

- Der Erfolg beim Abnehmen ist auch von der Wassermenge abhängig, die wir unserem Körper zuführen. Trinken Sie täglich 2 bis 3 Liter. In die Berechnung dieser Gesamtmenge fließen auch die Flüssigkeitsmengen von Suppen, Salaten, Gemüse, Rohkost und Obst mit ein. Wenn Sie viel davon essen, dann nehmen Sie dadurch täglich bis zu 1 Liter Flüssigkeit zu sich.
  Ein idealer Durstlöscher ist Mineralwasser. Falls Ihnen dies zu fad schmeckt, geben Sie eine Zitronenscheibe, einen Schuß Wein oder etwas Obstsaft hinein. Das regt den Appetit zum Trinken an. Unverdünnte Fruchtsäfte sind nicht zu empfehlen; Sie sollten ohnedies lieber Obst essen statt den Saft zu trinken. Empfehlenswert sind weiterhin Frischsäfte aus Löwenzahn, Brunnenkresse oder Brennessel (gibt es im Reformhaus); sie wirken entschlackend und regen den Stoffwechsel an. Weiterhin eignen sich Früchte- und Kräutertees sehr gut. Schwarzer Tee, Bohnenkaffee, Limonaden und alkoholische Getränke werden hingegen nicht zu den „reinigenden Flüssigkeiten" gerechnet, da sie dem Körper belastende Stoffe zuführen. Daher sollten Sie auf deren Genuß verzichten.

- Verwechseln Sie Ihren Hunger nicht mit Durst. Beide Signale des Körpers ähneln sich. Trinken Sie lieber zuerst einen Schluck, bevor Sie etwas essen.
- Vorsicht vor dem Mittagsschlaf! Danach droht sehr oft eine Heißhungerattacke, meist auf Süßes. Stellen Sie sich daher eine Banane oder Rosinen bereit, bevor Sie sich hinlegen.
- Haben Sie immerzu Lust auf Süßes? Dann sollten Sie wissen, daß Zucker weiteren Appetit auf Süßes provoziert. Er läßt den Blutzuckerspiegel sprunghaft ansteigen, worauf die Bauchspeicheldrüse mit einer starken Insulinausschüttung reagiert. Der Blutzucker sinkt, und die Lust auf Süßes ist wieder da. Durchbrechen Sie diesen Teufelskreis, indem Sie auf natürliche Süßigkeiten umsteigen, die vom Körper langsamer aufgenommen werden, z. B. auf Müsliriegel ohne Zucker, Vollkornplätzchen und -kuchen, Bananen, Rosinen und getrocknete Früchte.

- Wenn Sie statt herzhafter Gerichte süße Mahlzeiten bevorzugen, können Sie diese ruhig essen. Bevorzugen Sie dann aber Kohlenhydratgerichte. Vollkorngetreide, Honig und Nüsse haben zwar viele Kalorien, aber sie gewährleisten durch ihren natürlichen Geschmack und durch die in ihnen enthaltenen Ballaststoffe eine rechtzeitige Sättigung. Zum Ausgleich dieser süßen Mahlzeit sollten Sie aber als nächste Mahlzeit einen großen Teller Salat, Gemüse oder Rohkost essen.

- Gewöhnen Sie sich an, kleine Bissen zu nehmen, diese gut zu kauen und nicht mit Getränken „herunterzuspülen“. Horchen Sie während des Essens in sich hinein. Achten Sie auf Ihr Sättigungsgefühl, und spüren Sie Ihren Magen. Sattsein bedeutet, ein angenehmes Gefühl im Magen – kein Völlegefühl zu haben. Seien Sie romantisch, zünden Sie sich zum Essen eine Kerze an, und hören Sie dazu sanfte Musik. Genießen Sie Ihre Mahlzeit in Ruhe, statt sie schnell herunterzuschlingen.
- Nehmen Sie langsam ab. Etwa 250 g pro Woche sind ausreichend. Geben Sie sich mit kleinen Erfolgen zufrieden; Sie werden überrascht sein, daß ohne den Abnehmstreß alles plötzlich viel einfacher geht. Suggerieren Sie sich selbst Ruhe und Kraft. Fühlen und erspüren Sie, wie Sie gerne aussehen möchten, und träumen Sie sich in Ihr persönliches „Wohlfühlgewicht“ hinein.

Sie werden sicherlich bemerkt haben, daß man nicht gleich mit dem Essen aufhören muß, um abzunehmen. Besser ist es, wenn man die Fallen des Alltags, also die liebgewordenen kleinen schlechten Angewohnheiten, erkennt. Räumen Sie diese dann langsam beiseite, und vergessen Sie nie, sich selbst gegenüber rücksichtsvoll zu handeln.

Ismakogie

Was verbirgt sich dahinter?

Es ist nun schon einige Jahre her, daß ich das erste Mal von Ismakogie hörte. Es geschah in einem meiner Seminare, als mir eine sehr liebgewordene 70jährige Teilnehmerin das Buch von Frau Dr. Podleschak in die Hände drückte. Noch nie zuvor hatte ich von Ismakogie gehört und konnte im ersten Augenblick auch keinen Zusammenhang zur Trennkost finden. Doch sehr schnell spürte ich, daß diese Sache für alle Menschen eine große Bereicherung darstellte. Ismakogie ist eine Atmungs-, Bewegungs- und Haltungslehre, die Linderung bei Wirbelsäulenproblemen, Kreuzschmerzen, Verspannungen im Schulter-Nacken-Bereich, Gelenkproblemen, Migräne, Asthma und vielem mehr bringen soll. Verblüffend seien auch die Erfolge hinsichtlich Figur und Aussehen. Reithosenspeck, Hängebusen, Schwimmreifen an Taille oder Bauchansatz können ebenso deutlich gebessert werden wie Doppelkinn und Gesichtsfalten.

Da ich wußte, wie viele Probleme einige meiner Kursteilnehmer mit ihrer Wirbelsäule und ihren Gelenken hatten, erschien mir die Ismakogie sehr interessant. Und da in meinen Seminaren nicht nur über Trennkost gesprochen wurde, schätzte ich mich glücklich, zusätzlich zur Ernährungslehre auch eine Haltungslehre anbieten zu können. Ich wußte, daß ich mit der Ismakogie einen weiteren Stein des großen Lebensmosaiks gefunden hatte. Die Ismakogie wurde in meinen Seminaren ein großer Erfolg. Zu verdanken hatte ich dies der Wiener Zahnärztin Dr. med. Martha Podleschak. Die Frau befand sich vor einigen Jahren in einer schlimmen gesundheitlichen Verfassung. Sie ging an Krücken, war weder imstande, schmerzfrei zu sitzen oder zu liegen, und ein gebrochener Halswirbel sowie einseitig abgenutzte, teils gänzlich verschwundene Bandscheiben machten ihr das Leben zur Qual. Zwei Tage vor einer Halswirbelsäulenoperation entdeckte sie für sich selbst die Ismakogie. Ihr wurde – wie sie selbst sagt – ein neues Leben geschenkt. Heute spielt sie wieder Tennis, läuft große Strecken und fährt Ski.

Die Erklärung für die Wirkung der Ismakogie finden wir im natürlichen Schwingungsrhythmus, der unser ganzes Sein umfaßt. Kinder besitzen noch diese natürliche Schwingung, im Erwachsenenalter geht sie jedoch meist verloren. Viele Menschen haben verlernt, den eigenen Körper richtig zu gebrauchen. Als Folgen treten Bandscheibenschäden, Kreuzschmerzen und Verspannungen auf. Wir gehen zum Teil recht stiefmütterlich mit uns selbst und unserem Körper um, verkrümmen durch körperliche Fehlhaltungen unsere Wirbelsäule, verlagern die Körperlast im Stehen auf nur ein Bein, schlagen die Beine keß übereinander oder schieben im Sitzen durch Aufstützen der Arme das Kinn unschön nach vorne. Dadurch werden ständig falsche Muskelgruppen beansprucht; der Schwingungsrhythmus wird gestört und die Atmung vernachlässigt. Auf diese Weise provozieren wir unbewußt jeden Tag aufs neue Verkrampfungen, Verspannungen und Abnutzungserscheinungen.

Schwingungsübungen

Wie ein Halm im Wind

Stellen Sie sich barfuß aufrecht hin. Die Füße befinden sich in V-Stellung, wobei die Fersen etwas enger stehen als die Zehen. Beide Füße sind zu gleichen Teilen belastet. Die Knie sind nicht ganz durchgedrückt, und die Arme hängen locker am Körper herunter. Sie sollten ganz entspannt stehen.

Beginnen Sie nun ganz sanft, wie ein Halm im Wind zu schwingen. Das Körpergewicht wird dabei langsam von einer Körperseite auf die andere übertragen. Spüren Sie die angenehme, natürliche Schwingung, und finden Sie so zu Ihrer harmonischen Einheit zurück!

Wie ein Halm im Wind

Die kleine Schlaufe

Stellen Sie sich barfuß aufrecht hin. Die Füße befinden sich wieder in V-Stellung und sind zu gleichen Teilen belastet. Die Arme hängen seitlich herunter. Stellen Sie sich nun vor, mitten auf Ihrem Kopf, dort wo der Scheitel am höchsten ist, befände sich eine kleine Schlaufe. Ziehen Sie sich an dieser gedanklich und durch leichtes Strecken der Muskulatur selbst in die Höhe. Spüren Sie, wie sich Ihre Wirbelsäule streckt? Beide Füße sollten bei dieser Übung gleichmäßigen Bodenkontakt behalten, und die Schultern entspannt hängen, ähnlich wie ein Kleiderbügel. Ihr Atem muß harmonisch fließen.

Spüren Sie Ihren Oberkörper, der sich weiter aufrichtet. Fühlen Sie, wie Ihre Lungen mehr Luft bekommen und Ihre Atmung freier wird!

Aktivieren Sie nun Ihre Brust- und Rückenmuskulatur, und ziehen Sie gedanklich mit Ihren Brustwarzen Achterschleifen auf einer gedachten gegenüberliegenden Wand. Ziehen Sie anschließend nach freier Wahl Achterschleifen mit anderen Körperpartien. Zunächst mit den Schultern, dann mit der Stirnmitte, dem Bauch und den Knien. Denken Sie immer wieder an die kleine Schlaufe, die Ihren Oberkörper weiter aufrichtet, und erleben Sie bewußt Ihre königliche Haltung.

Atmen Sie gleichmäßig weiter, schwingen Sie frei und gelöst Ihre rhythmischen Achterschleifen. Nehmen Sie nun die Schwingung ganz klein in Ihren Körper hinein, und lassen Sie sie dort leise und sanft weiterleben. Spüren Sie die feinen Energieströme, die durch Ihren Körper ziehen? Lassen Sie dann die Schwingung ganz langsam, sanft und harmonisch ausfließen, aber nicht erlöschen, und erinnern Sie sich im Alltag des öfteren an diese kleine angenehme „Schlaufe" mit der sanften Schwingung. Erleben Sie, wie Sie sich besser fühlen. Schöpfen Sie schwingend neue Energien, und Sie werden über Ihren Elan überrascht sein.

Das Buch zum Thema

Die vorausgegangenen Ausführungen waren eine kleine Zusammenfassung des Buchs „Ismakogie, Schön – geschmeidig – lebensfroh durch Befreiung von Haltungsschäden“ von Martha Podleschak. (Das Buch ist im Eigenverlag erschienen und kann bei der Autorin bestellt werden:
Dr. Martha Podleschak, Neutorgasse 5/8,
A-1010 Wien. Der Bestellung einen Scheck über DM 50,–, öS 360,– oder sFr 45,– beilegen.)

Liest man weiter in diesem Buch und listet dann auf, was sich mit Ismakogie alles erreichen läßt, so grenzt dies fast an ein Wunder. Ich bin sicher: Wer einmal mit der Ismakogie begonnen hat, hört damit nicht mehr auf.

Die richtige Schwingung bei Darmträgheit

Legen Sie sich für diese Übung entspannt auf den Rücken, und ziehen Sie die Beine leicht an den Körper. Atmen Sie sanft und gleichmäßig in Ihren Bauch hinein. Lösen Sie bei jedem Ausatmen die Verspannungen im Bauch- und Beckenbereich.

Legen Sie dann eine Hand locker auf Ihren Bauch, und ziehen Sie im Uhrzeigersinn leichte Kreise. Denken Sie sich in das Innere Ihres Bauches hinein, und lassen Sie ihn gedanklich mitkreisen. Konzentrieren Sie sich mehrere Minuten lang auf diese innere Schwingung, die sich von der Hand nun durch Gedankenkraft auf den Darm überträgt.

Schwingungsübung gegen Darmträgheit

Akupressur gegen Darmträgheit

Eine Akupressur ist absolut schmerzfrei und ohne Nebenwirkungen. Zwei bis drei Fingerbreiten unterhalb des Nabels liegt der Punkt, der den Darm bei richtiger Stimulation zur Tätigkeit anregt.

Tasten Sie diesen Bereich in entspannter Lage aufmerksam ab, bis Sie das Gefühl haben, eine kleine Einbuchtung oder Veränderung in der Festigkeit des Gewebes zu spüren. Drücken Sie dann mit der Fingerkuppe des Mittelfingers in das Zentrum dieses Punktes, und massieren Sie die Stelle kreisend im Uhrzeigersinn. Wichtig ist, daß der Finger mitsamt der Haut kreist und somit keine Reibung auf der Körperoberfläche entsteht. Die Stärke des Drucks sollte etwa mittelstark sein und die Dauer der kreisenden Bewegung etwa 5 Minuten betragen.

Wenn Sie bei den ersten Akupressurversuchen nicht gleich erfolgreich waren, wiederholen Sie die Übung mit Geduld und Ausdauer; nach Möglichkeit immer zur selben Tageszeit. Der beste Zeitpunkt ist kurz vor dem Aufstehen, da Sie so Ihren Darm zusätzlich zur Pünktlichkeit erziehen können.

Akupressur gegen Darmträgheit

Yoga – Wohltat für Körper, Geist und Seele

Früher brachte ich Yoga unwillkürlich mit geheimnisvoller Mystik, fernöstlichen Kulturen und starken Körperverrenkungen in Verbindung. In meiner Unwissenheit stand ich dieser Sache mit völliger Ablehnung gegenüber, fürchtete mich sogar etwas davor. Erst Jahre später verlor ich meine Abneigung und öffnete mich dieser segensreichen und absolut weltlichen Ganzheit. Heute weiß ich, daß in Yoga alles vereint ist, was der Mensch für ein glückliches Leben benötigt.

Vorurteile gegen Yoga

In meinen Seminaren für Übergewichtige und Menschen mit Stoffwechselstörungen stieß ich speziell bei molligen Menschen mit Yoga auf großes Unverständnis. Sie lehnten es aufgrund ihrer Körperfülle ab. Für sie bedeutete Yoga in der Hauptsache, sehr schwierige, verlangsamte Leibesübungen, zusätzlich langes Ausharren im Schneidersitz bis hin zum Kopfstand auszuführen. Dies waren Dinge, die sie nie erreichen konnten und auch nie erreichen wollten. Ich konnte sie gut verstehen, waren doch in allen Yogabüchern nur schlanke, gut gewachsene Menschen abgebildet, die durch ihre phantastische Elastizität den Molligen jeden Mut zur Nachahmung nahmen.

Weitere Ablehnung erfuhr ich auch bei Menschen, die auf diesem Gebiet gänzlich unwissend waren, und teilweise auch bei der älteren Generation. Hier gingen die Vorurteile so weit, daß Yoga mit östlichen Religionen oder sogar mit Sekten und Drogen in Verbindung gebracht wurde. Diese Menschen hatten nicht das Bedürfnis, zu verstehen, sie bauten eine Mauer um sich auf und ließen die wirkliche Wahrheit dieser körperlichen und geistigen Wissenschaft nicht an sich heran. Ich konnte die Skeptiker zum Teil verstehen, erlernen doch einige Menschen Yoga, um übernatürliche, magische Kräfte zu erlangen. Andere brauchen die Kenntnisse über Yoga bei der Beschäftigung mit Hypnose. Mystiker betreten diesen Weg wegen okkulter Kräfte. Diese Menschen sind nicht immer am wahren Ziel der Vollkommenheit interessiert. Doch das wirkliche Ziel von Yoga liegt jenseits von bösen Absichten und Taten.

Wie kann man nun zwischen den guten und den bösen Absichten eines Yogis unterscheiden? Um dies herauszufinden, sollten Sie in Ihrem eigenen Interesse starke Kritik üben und nur Ihren eigenen Empfindungen vertrauen. Beobachten Sie aufmerksam, worum es diesen Menschen geht. Es zählt einzig und alleine, wohin dieser Weg führt. Seien Sie auf der Hut, wenn die Macht über Menschen und später, unterschwellig, materielle Dinge im Vordergrund stehen. Ein wahrer Lehrer bindet nicht, er führt von der Unwahrheit zur Wahrheit, von der Dunkelheit ins Licht; er hilft dem Schüler zur freien unabhängigen Selbständigkeit, zum Wissen und zum wahren Sein.

Der Weg zur Erfüllung

Zunächst möchte ich Ihnen gerne meine persönlichen Erlebnisse mit Yoga schildern und definieren, was ich unter Yoga verstehe. Ich bin zwar kein ausgebildeter Yogi, aber ich habe durch Yoga einen wunderschönen Weg der Erfüllung gefunden. Ich hoffe, daß meine Erfahrungen Ihnen helfen, Ihre natürliche Scheu und Skepsis abzulegen. Jeder hat seine eigenen Vorstellungen von gewissen Dingen, und oftmals will man sich auf nichts einlassen, worin man im Augenblick für sich selbst keinen Sinn erkennen kann. Lassen Sie sich von mir überzeugen, daß Yoga unserem Denken neue Dimensionen erschließt und uns die Gabe schenkt, glücklich und erfüllt durchs Leben zu gehen.

Zunächst brauchen Sie Geduld, da Yoga keine Sache ist, die man im Handumdrehen erlernen oder begreifen kann. Erst in einem langen Reifeprozeß öffnet sich Tür um Tür. Selbst wenn man durch tägliche Meditation sowie durch Atem- oder Bewegungsübungen alles zu wissen glaubt, bleibt die letzte Tür des Wissens und der Wahrheit verschlossen, wenn die innere, ehrliche Einstellung zum wahren Verstehen und zur allumfassenden Liebe fehlt.

Ziele des Yoga

Yoga hat in erster Linie das Ziel, Körper, Geist und Seele zu einer harmonischen Einheit zusammenzuführen.

Menschen, die diesen Weg der gesunden Lebensführung gehen möchten, werden mit der Zeit lernen, die wahren Ursachen des Krankseins, im körperlichen wie im geistig-seelischen Sinn, zu erkennen. Ihrem Bewußtsein werden sich neue Dimensionen öffnen, und, je nach Reifegrad, wird der einzelne erfahren dürfen, daß Krankheiten oder immer wiederkehrende Lebensprobleme aus ihm selbst entspringen und von den eigenen Gefühlen und Gedanken genährt und gesteuert werden. Dieser Prozeß des Erkennens, verbunden mit Erneuerung, ist mit vielen Höhen und Tiefen, Zweifel und Skepsis, aber auch mit Liebe und Glauben eng verbunden.

Yoga und Ernährung

Im ersten Teil dieses Buches habe ich der Ernährung ausreichend Platz eingeräumt, so daß ich mich jetzt kurz fassen kann. Um den eigenen sturen Körper mit seinen oft üblen Gewohnheiten zu ändern, muß man jeden Tag geduldig an seiner eigenen Umwandlung arbeiten. Hierbei helfen die folgenden einfachen und wirksamen Übungen:

- Sorgfältig kauen und die Nahrung dabei gut einspeicheln.
- Während des Essens keine heißen Debatten führen oder Auseinandersetzungen austragen.
- Bei den Mahlzeiten eine gewisse Ruhe entwickeln und nicht ständig hin- und herrennen.
- Sich auf die Nahrung konzentrieren, denn diese ist heilig. Wir dürfen trotz Überfluß nie vergessen, daß sie uns mit Gott verbindet.

Selbst der Skeptiker muß zugeben, daß die Natur dem Menschen seine Nahrung gibt. Obst, Gemüse und alles andere natürlich Gewachsene enthält reine Sonnenenergie. Um leben zu können, müssen wir diese dort eingeschlossenen Energien befreien.

Bewußtes Atmen

Richtiges Atmen wirkt krampflösend und kann Schmerzen bekämpfen oder sogar beseitigen. Da jede Tätigkeit des Körpers sehr eng mit dem Atem verbunden ist, hat richtiges Atmen somit Einfluß auf unseren Gesundheitszustand und auf unser Gemüt. Yogis haben diese unermeßlichen Kräfte, die im Atem liegen, schon vor vielen tausend Jahren erkannt und daher wertvolle Atemtechniken entwickelt. Die Yoga-Lehre legt besonderen Wert auf die Beziehung zwischen Mensch, Atmung und Universum, um so einen bewußten Kontakt zwischen innerem Körper, Erde und Kosmos zum Einswerden mit dem Allerhöchsten herzustellen.

Meine Suche nach dem richtigen Atmen

Durch das Atmen durfte ich so wunderbare Erfahrungen sammeln, daß ich förmlich darauf brenne, Ihnen alles zu erzählen.

Früher interessierte ich mich nie für richtiges Atmen; mir reichte das Wissen, daß mich das Atmen am Leben erhält. Mein erstes Erlebnis hatte ich bei einem Naturarzt. Er wollte für Studienzwecke einen Menschen untersuchen, der sich gesund ernährt. Also stellte ich mich als Versuchskaninchen zur Verfügung. Bei seinen Untersuchungen fand er heraus, daß in den unteren Hälften meiner Lungenflügel ein akuter Sauerstoffmangel herrschte, der auf meine Kurzatmung zurückzuführen war. Von diesem Tag an sog ich daher die Luft tief und pfeifend durch meine Nasenlöcher ein, um meine Lungen vollends mit Sauerstoff zu füllen. Gleichzeitig wölbte sich mein Brustkorb stark nach außen, und ich zog den Bauch dabei ein. Nach einigen kräftigen Atemzügen wurde mir jedoch jedesmal schwindelig, und ich hatte nicht das Gefühl, meinem Körper etwas Wertvolles zu geben.

Meinen nächsten Atemtip bekam ich von einer ehemaligen Sängerin. Nach ihrer Ansicht war lautes Singen die beste Atemübung. Da ich nicht überall laut singen konnte, beschränkte ich meine Übungen auf das Autofahren. Hier konnte mich niemand hören, also sang ich dort aus vollem Halse. So richtig glücklich war ich mit meinen Atemübungen jedoch nicht. In angespannten Situationen merkte ich nämlich immer wieder, daß ich einfach den Atem anhielt, ohne es wirklich wahrzunehmen. Erst wenn mein Körper förmlich nach Luft schnappte, wurde ich mir dessen bewußt.

Jetzt wollte ich endlich mehr wissen und richtiges Atmen erlernen. Ich ließ keine Chance ungenutzt; ich studierte Bücher, besuchte Vortragsabende und machte schließlich die ersten Eigenversuche. Dabei passierte es mir versehentlich, daß ich meinen Körper bei einer bestimmten Atemübung und gleichzeitigen Meditation magnetisierte. Yoga-Fachleute kennen diesen Zustand der vollkommenen Stille und des Verlierens des Körpergefühls. Dies ist bei richtiger Anleitung ein befreiendes Gefühl, für einen Anfänger ist es jedoch nicht zu empfehlen. Das „Anzapfen" dieser elektromagnetischen Schwingungen bedeutet für den Nichtausgebildeten ein Spiel mit dem Feuer und kann mitunter gefährliche und ernste Folgen haben. Ich begriff, daß es für den Yogaanfänger sehr wichtig ist, die Grundlagen zunächst bei einem guten Lehrmeister zu erlernen, bevor er die Übungen alleine durchführt.

Bei meiner weiteren Suche nach dem richtigen Atmen erfuhr ich von den vielen verschiedenen Möglichkeiten, Luft zu holen. Hier einige Beispiele: Nasenatmung, Mundatmung, Gähnübungen, Summatmung, Stöhnübung, Basisatmung, Flankenatmung, Rückenatmung, Vokalatmung, Lachatmung, Zweifachatmung,

Pendelatmung. Weiterhin erfuhr ich, daß man Ärger, negative Gedanken, Gefühle, Nervosität und Spannungen einfach wegatmen kann, daß man sich durch eine gewisse Atemtechnik Kühlung oder auch Wärme verschaffen kann, daß richtiges Atmen ein Mittel zum Einschlafen ist und daß auch der hektische Mensch durch gleichmäßige Atmung Beruhigung erfährt.

Ich hoffe, ich habe Sie ein wenig neugierig auf richtiges Atmen gemacht. Bevor ich Ihnen nun einige Übungen vorstelle, möchte ich Sie vor Übertreibung warnen. Für den Anfänger ist es nicht ratsam, zuviel Luft auf einmal einzuatmen, da dies zu unangenehmen Folgen führen kann. Eine plötzliche Überflutung des Organismus mit Sauerstoff kann Schwindel, Übelkeit und sogar Ohnmachtsanfälle auslösen. Üben Sie sich daher anfangs in Geduld.

Beobachten Sie vor dem Übungsbeginn, was geschieht, wenn Sie ganz normal tief einatmen. Atmen Sie mehr durch den Mund als durch die Nase ein? Haben Sie das Gefühl, etwas hindere Sie am gleichmäßigen Atmen? Benötigen Sie außerdem etwas Kraft, um die Luft tief in die Lungen einzusaugen, und heben Sie dabei gleichzeitig Ihren Brustkorb an? Falls einige dieser Verhaltensbeschreibungen auf Sie zutreffen, sollten Sie in jedem Fall weiterlesen. Die Wirkung der Atmung auf unseren Körper und Geist hängt von der Körperhaltung, aber auch von den feinsten Gefühls- und Gedankenimpulsen ab.

Basisatmung

Setzen Sie sich auf die vordere Hälfte eines ungepolsterten Stuhls. Die Wirbelsäule muß gerade gehalten werden, Oberkörper, Hals und Kopf sollen eine Linie bilden. Lassen Sie die Schultern sinken, lösen Sie unnötige Spannungen. Legen Sie Ihre Hände locker auf die Oberschenkel. Beide Füße stehen in einer leichten V-Stellung fest auf dem Boden, die Fersen sind etwa 25 cm voneinander entfernt.

Bei dieser Art des Sitzens sollten Sie sich wohl und entspannt fühlen. Schließen Sie Ihre Augen, finden Sie Ihre Mitte und beginnen Sie mit der nachfolgend beschriebenen Atemübung: Füllen Sie Ihre Lungen langsam mit Luft, und achten Sie darauf, daß das Brustbein und die Schultern unbeweglich bleiben. Lediglich die Rippen dehnen sich seitwärts aus, ähnlich wie der Blasebalg eines Akkordeons. Wenden Sie beim Ausatmen dann ganz zarten Druck an, und ziehen Sie gleichzeitig die Rippen zusammen. Dabei bleiben Schultern, Brustbein und Nasenlöcher bewegungslos.

Tiefes Einatmen

Für diese Übung brauchen Sie ein wenig Vorstellungsvermögen. Stellen Sie sich vor, Sie hätten keine Nase und keinen Mund. Lediglich vorne am Hals, in der Höhe des Rachens, leicht oberhalb des Kehlkopfes, befände sich eine Öffnung. Nur an dieser Stelle können Sie nach Atem schöpfen. Versuchen Sie nun bei geschlossenem Mund ganz sanft die Luft durch diese Öffnung in Ihre Lungen hineinzuziehen.

Konzentrieren Sie sich dabei ganz auf Ihren inneren Rachenraum. Schließen Sie die Augen, und spüren Sie die leicht kühle Stelle im Inneren Ihres Halses. Alles sollte langsam, entspannt und ohne Verkrampfung geschehen. Ihre Gesichtsmuskeln müssen weich, der Unterkiefer muß locker sein. Natürlich atmen Sie in Wirklichkeit mit der Nase ein, doch diese sollte bei dieser Atemübung völlig passiv sein.

Lassen Sie Ihre Nasenlöcher während des sanften Ein- und Ausatmens ganz außer acht. Fühlen Sie den Vorgang des Einatmens ausschließlich an der Rückwand Ihrer Kehle. Saugen Sie die Luft ganz zärtlich an, und vermeiden Sie dabei jede Art von Kraftanstrengung. Lassen Sie den Atem bis in den unteren Teil Ihrer Lungenflügel fließen.

Das vollständige Ausatmen und Entleeren der Lunge ist genauso wichtig wie das Einatmen. Die Luft muß ohne Unterbrechung gleichmäßig ausströmen, wobei zum Schluß eine kleine, stille Pause vor dem nächsten Atemzug entstehen sollte.

Rhythmisches Atmen

Die eben beschriebene Atemübung können Sie jetzt in einen rhythmischen Einklang bringen. Suchen Sie am linken Handgelenk Ihren Puls, und beginnen Sie, dessen Schläge zu zählen. Zählen Sie im Viervierteltakt (1-2-3-4, 1-2-3-4) so lange, bis Ihnen Ihr eigener Rhythmus vertraut ist. Atmen Sie dann vier Schläge lang durch die Nase ein, halten Sie dann den Atem vier Schläge lang an, und atmen Sie danach vier Schläge lang durch die Nase aus. Sie können diese rhythmische Atmung bis auf zwölf Pulsschläge pro Übungsteil langsam erhöhen. Das rhythmische Atmen läßt sich auch bei einem Spaziergang an frischer Luft bestens praktizieren. Benützen Sie Ihr Schrittempo dabei als Taktzeichen. Beginnen Sie mit der Übung nach dem Ausatmen.

Gedanklicher Atemfluß

Die nächste Atemübung ist meine persönliche Lieblingsübung. Aus ihr schöpfe ich Kraft und Energie und stelle die Verbindung zu meinen inneren Körperströmungen, Nervenleitungen und allen Organen her. Mit dieser Atemübung kann ich meinen Luftstrom im Körperinneren dirigieren.

Legen Sie sich bequem auf den Rücken. Die Unterlage oder Matratze sollte nicht zu weich sein. Decken Sie sich dann mit einer warmen Decke zu. Die Beine liegen locker nebeneinander und die Arme parallel zum Körper. Schließen Sie die Augen.

Sie stellen sich wieder die kleine Öffnung am Hals vor. Saugen Sie jetzt ganz zart die Luft durch diese Öffnung an, und füllen Sie, wie in der ersten Atemübung beschrieben, Ihre Lungen mit Luft.

Beim Ausatmen stellen Sie sich vor, der Atem ginge nicht den Weg zurück nach oben, sondern Sie preßten die Luft sanft die Kehle hinunter. Spüren Sie den warmen Atem in Ihrer Magengegend? Atmen Sie erneut ein, lösen Sie beim nächsten gedachten zarten Hinunterdrücken des Atems gleichzeitig Ihre Bauchmuskeln und lassen Sie den Atem in den Bauchraum fließen.

Auf die gleiche Weise lösen Sie Ihre Muskeln im Gesäß und im Genitalbereich, bis hinunter zu den Zehenspitzen. Mit der Zeit können Sie Ihren Atem an jede beliebige Stelle in Ihrem Körper führen. Das Gefühl der Entspannung, verbunden mit Wärme und Prikkeln unter der Haut, sollte dann nach und nach auf das gesamte Körperinnere übergehen.

Nehmen Sie sich viel Zeit für den gedanklichen Atemfluß und schöpfen Sie daraus neue Lebensenergie. Bleiben Sie so lange liegen, wie Sie möchten. Fangen Sie dann ganz langsam an, Ihren Körper zu strekken – zuerst die Hände, dann die Arme und die Beine. Wenn Sie zu Wadenkrämpfen neigen, ziehen Sie Ihre Füße im rechten Winkel zu den Beinen hoch, und strekken sich erst jetzt herzhaft aus. Setzen Sie sich dann nach einer Weile auf.

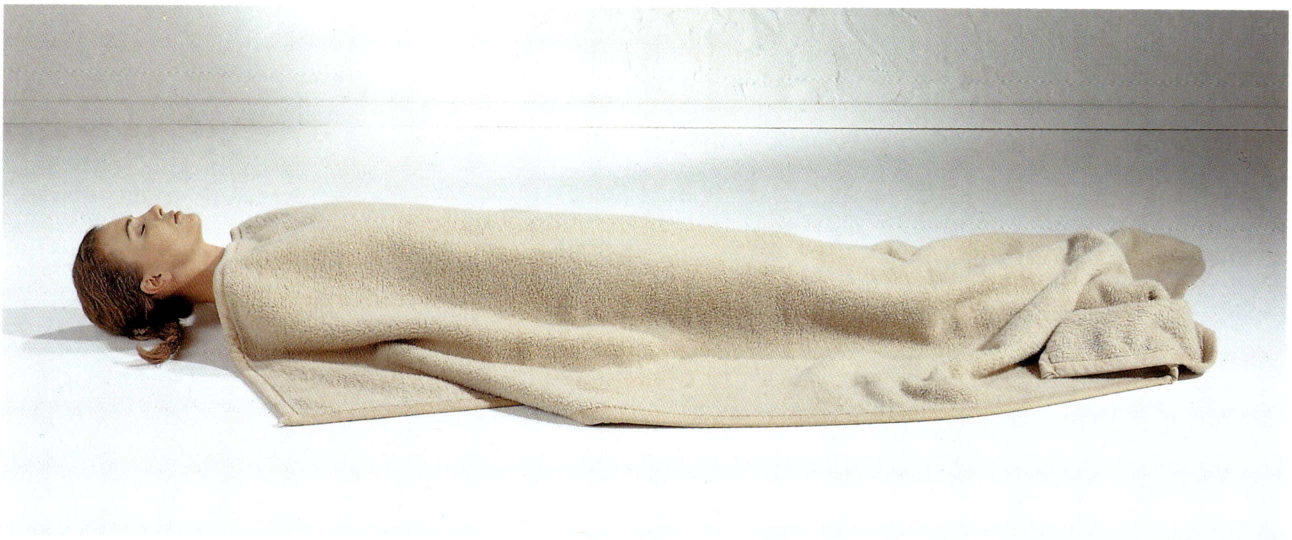

Gedanklicher Atemfluß

Reinigung der Lunge

Nach Beendigung einer Atemübung müssen Sie Ihre Lungen noch kurz „reinigen". Auch mit dieser Übung sollten Sie vorsichtig umgehen und sie anfänglich nur ein- bis zweimal ausführen. Stellen Sie sich mit geschlossenen Füßen gerade hin, lassen Sie Ihre Arme locker hängen. Atmen Sie langsam und tief durch die Nase ein, halten Sie dann für kurze Zeit die Luft an. Nun öffnen Sie den Mund, spitzen leicht die Lippen und beginnen, die Luft, ähnlich wie bei leichtem Husten, auszustoßen, bis die Lunge völlig luftleer ist. Die Wirkung dieser Ausatmung sollten Sie im Brustkorb, im gesamten Rücken und seitlich in den Flanken spüren.

Reinigung der Lunge

Der Weg zu erfolgreichen Übungen

Sie müssen sich darüber im klaren sein, daß Sie bei den einzelnen Atemübungen nicht sofort die wohltuende Entspannung spüren werden. Setzen Sie Ihre Erwartungshaltung daher nicht zu hoch, sondern üben Sie sich im zarten Fluß der Atmung. Füllen Sie Ihre Körperzellen mit frischem Sauerstoff, zögern Sie auf diese Weise den Alterungsprozeß hinaus, lernen Sie auch, Ihre Atemkapazität zu vergrößern. Machen Sie sich Ihre eigenen inneren Verkrampfungen bewußt. Versuchen Sie für kurze Zeit, Ihre übermäßige Arbeit und Belastung einfach zu vergessen und sie „fortzuatmen".

Yoga und Bewegung

Der Name Yoga stellt einen Sammelbegriff für verschiedene Yoga-Systeme dar. So verschieden wie diese Systeme benannt werden, so verschieden sind auch deren Wege, die aber letztendlich alle zur vollkommenen Selbsterkenntnis führen. Einer dieser Wege ist das Hatha-Yoga. Es beinhaltet Übungen, die dazu dienen, ausgleichende, aufbauende, stärkende und heilende Kräfte in Körper und Psyche zu erwecken und zu entfalten.

Meine Erfahrungen mit Hatha-Yoga

Ich muß gestehen, daß ich zu den Menschen gehöre, die verpflichtende Turnübungen nicht mehr ausstehen können. Nicht, daß ich faul oder träge bin, aber mir liegt es einfach nicht, meinen Körper durch seelenlose, wetteifernde Bewegungen zu versklaven.

Ich erinnere mich noch gut daran, als ich mit Bodybuilding begann. Ich war stolz darauf, beachtliche Gewichte zu stemmen und die Übungen an den Gerä-

ten länger durchzuhalten als der Durchschnitt. Auch war ich erst zufrieden, wenn all meine Kräfte durch das vorgegebene Trainingsprogramm aufgezehrt waren. Gedanklich bedauerte ich zwar die vergeudete Energie, aber die Angst, mit zunehmendem Alter einzurosten, spornte mich weiter an. Ich beendete das Bodybuilding erst, als meine Knie schmerzten und ich zudem bemerkte, daß mein Kreuz immer breiter wurde. Da ich noch nie ein Fitneßfanatiker war, erlosch mein Verlangen nach einer neuen sportlichen Herausforderung schnell.

Über die Ismakogie und deren imaginäre Schwingungen fand ich nach Jahren den Weg zu Yoga. Mit dieser Entdeckung öffnete sich mir eine völlig neue Welt. Mich faszinierte der Gedanke, daß sogar einem müden, kranken und alternden Körper durch gut angewandte Atemübungen, durch Bewußtseinslenkung und durch Organ- und Blutgymnastik neue Energien zurückgegeben werden können. Schon nach wenigen Tagen, an denen man Yoga macht, werden Muskeln geschmeidiger und Gelenke wieder beweglicher – und zwar unabhängig davon, wie alt, wie dick oder sogar wie versteift man ist.

Die wunderbare Wirkung des Hatha-Yogas ist zum Teil auf das Einatmen der lebenspendenden kosmischen Energien, Prana genannt, zurückzuführen. Diese Energien werden bei jedem zarten Einatmen durch die Nase in die Lungen eingesogen und beim Ausatmen in den Kreislauf des ganzen Körpers gesendet.

Die Lehre der Yogis

Nach der Lehre der Yogis kreist das Prana durch ein inneres, unsichtbares Geflecht, durch Röhren (sogenannte Nadi), die auf unsere Drüsen, Organe und Nerven, also auf das gesamte Innenleben einwirken. Durch zusätzliche Gedankenkonzentration und Bewußtseinslenkung werden Kraftströmungen erzeugt, die den gesamten Körper beleben.

Hinzu kommen die verschiedenen Yoga-Bewegungsübungen. Diese unterscheiden sich von der normalen Gymnastik dadurch, daß man mit Hilfe seiner Vorstellungskraft und unter Zuhilfenahme des Atems sein Bewußtsein ins Innere des Körpers lenkt und anschließend durch Konzentration in einer Bewegung verharrt.

Man beginnt mit Andacht und Selbstversenkung und lenkt das Bewußtsein und die Atmung in die Körperpartien, die durch die Übungen angesprochen werden sollen. Wer kunterbunt atmet und nur schnell sein Übungsprogramm hinter sich bringen möchte, sollte mit keinem positiven Ergebnis rechnen. Denn bei Yoga geht es unter anderem auch darum, die Einheit Körper – Geist – Seele von Belastungen, Verkrampfungen und Verspannungen zu befreien. Heute weiß man, daß viele Zivilisationskrankheiten auf eine allzu große geistige und seelische Überbeanspruchung zurückzuführen sind. Der gefährlichste Einfluß ist dabei jener, der aus dem eigenen Seelenleben entspringt. Der unruhige Geist verursacht unbewußt eine bedrohliche Nervosität, und die Befehle des „inneren Tyrannen" setzen zusätzlich die Abwehr- und Widerstandskräfte gegen Erkrankungen herab.

Im Hatha-Yoga kann jeder das Geheimnis der Entspannung, der Gesundheit und der Jugend, und vielleicht auch eine Verlängerung des Lebens entdecken. Die Wirksamkeit wurde schon von vielen Menschen unter Beweis gestellt, die mit ihrer strahlenden Lebenskraft die verborgene Schönheit des Lebens nach außen hin demonstrieren.

Anfangsstufen des Hatha-Yoga

Sind Sie bereit, mit mir die Anfangsstufen des Hatha-Yogas zu betreten? Dieser Weg ist so nützlich und interessant, daß es sich wirklich lohnt, ihn kennenzulernen und sich damit zu befassen. Sie werden sehr schnell merken, wie verkrampfte Körperpartien aufhören zu schmerzen und wie Ihr Körper beginnt, geschmeidiger zu werden und sich insgesamt zu erholen.

Machen Sie sich zunächst mit Ihrem Körper vertraut. Ich meine damit nicht die Anatomie, sondern das Fühlen und klare Empfinden der inneren Tätigkeiten der einzelnen Organe, Drüsen, Muskeln, Nerven, Knochen, Gelenke und Flüssigkeiten. Steigen Sie mit Ihrem Bewußtsein zum Beispiel in Ihre Lunge hinein, so daß Sie deutlich und klar ihre Bewegung spüren. Stellen Sie sich dabei geistig die kleinen Lungenbläschen vor, die sich wie ein Blasebalg langsam ausdehnen, um sich gleich darauf wieder zusammenzuziehen. Spüren Sie jede einzelne Faser der Lunge und das warme Blut, das, unaufhörlich vom Herzen getrieben, beide Lungenflügel durchblutet, den Sauerstoff aufnimmt und Kohlendioxid wieder abgibt. Spüren Sie die angenehme Wärme, die Ihren Oberkörper durchflutet?

Wenn ja, dann ist es Ihnen gelungen, durch eigene Willenskraft Wärme zu erzeugen. Sie haben damit selbst eine Veränderung in Ihrem Körper herbeigeführt. Ist dieses Ergebnis nicht phantastisch? Sie haben am eigenen Körper bewiesen, daß wir alle fähig sind, durch Willenskraft, Atmung und Bewußtseinslenkung Veränderungen im Körper zu bewirken.

Versuchen Sie diese Übung mit allen Körperteilen. Steigen Sie gedanklich in Ihren Magen, Ihre Leber oder Ihre Gelenke ein. Beginnen Sie dort ganz zart im Kreis zu schwingen, legen Sie zur Unterstützung die Hände auf das Körperteil, mit dem Sie sich gedanklich befassen. Lassen Sie Ihre Hände mit sanftem Druck kreisen, bis Ihre innere Wahrnehmung und die Schwingungen der Hände eine Einheit bilden. Nehmen Sie Ihre Atmung zu Hilfe, und lassen Sie eine pulsierende Verbindung entstehen. Entdecken Sie dabei Ihren inneren Rhythmus; er ist die Schwingung Ihres Lebens.

Yoga-Bewegungsübungen sollen Sie nicht mit vollem Magen und auch nicht in kalten Räumen durchführen. Die günstigste Übungszeit ist entweder direkt nach dem Aufstehen oder kurz vor dem Zubettgehen. Wichtig ist nach Beendigung der Übungen die Entspannung, verbunden mit tiefem Atmen.

Bogenschießen

Auf den ersten Blick traut man dieser spielerisch aussehenden Übung zwar keine besonders große Wirkung zu, aber dieses alte indische System der hochgradigen geistigen Konzentration und die Verbindung des Zeitlupenturnens bergen wahre Wunder in sich. Das Geheimnis liegt in der Anspannung der Muskulatur, die durch die zusätzlich eingesetzte Konzentration sowie durch den Atem eine aufbauende Kraft im Körper erzeugt. Durch die Bewegung, das Spannen des gedachten Bogens und das gleichzeitige, langsame Einatmen strömt eine große Menge des lebensspendenden Pranas in jeden noch so kleinen Muskel des Oberkörpers ein. Durch den gedachten Abschuß des Pfeils, das gleichzeitige Lösen der Anspannung und das Ausatmen wird der gesamte Körper, einschließlich des Kopfes, reichlich durchblutet. Die Wirkung der Übung ist phänomenal.

Stellen Sie sich bei dieser Übung mit leicht gespreizten Beinen aufrecht hin. Der Rücken ist gerade. Stellen Sie sich vor, Sie hielten einen Bogen in der Hand. Spannen Sie jetzt Ihre Bauch-, Gesäß- und Oberschenkelmuskulatur fest an, während Sie den linken Arm, ebenfalls unter Anspannung der Muskulatur, waagerecht nach links ausstrecken. Unter gleichzeitigem, langsamem Einatmen spannen Sie mit Bedacht die Sehne mit der rechten Hand. Nun erfolgt die absolute Konzentration auf das Zielen; dabei steht die Atmung für ein paar Sekunden still. Beim gedachten Abschuß des Pfeils kommt es durch die erlösende Entspannung und durch das gleichzeitige Ausatmen im gesamten Körper zu einer starken Durchblutung. Wiederholen Sie diese Übung zweimal, schütteln Sie zum Schluß Ihre Arme aus, und atmen Sie mehrere Male tief durch.

Diese Übung stärkt die Lungen, reichert das Blut mit Sauerstoff an, festigt und formt die Brustmuskulatur. Sie hilft darüber hinaus bei Verspannungen im Schulterbereich, festigt Schenkel, Gesäß sowie Bauch und kräftigt die inneren Organe.

Bogenschießen

Seilziehen

Stellen Sie sich mit leicht gespreizten Beinen aufrecht hin. Fassen Sie mit beiden Händen weit nach oben zu einem gedachten Seil. Stellen Sie sich dabei auf die Zehenspitzen, um das Ende dieses Seils zu erfassen. Spannen Sie beim Strecken Ihre Oberschenkel-, Bauch- und Gesäßmuskulatur kräftig an. Konzentrieren Sie sich wieder auf das Seil, spannen Sie die Armmuskulatur an, und ziehen Sie sich mit den Händen, abwechselnd greifend, langsam an dem Seil in die Höhe. Der Bauch bleibt weiterhin eingezogen. Strecken Sie während des Ziehens abwechselnd die linke und die rechte Rippenpartie stark in die Höhe. Führen Sie diese Übung so langsam wie möglich aus, gehen Sie gedanklich in Ihre Rückenmuskulatur, und lassen Sie Ihre Bewegung harmonisch fließen. Wiederholen Sie die Übung zweimal, schütteln Sie anschließend Ihre Arme aus, und atmen Sie mehrere Male tief durch.

Diese Übung reichert das Blut mit Sauerstoff an und spendet dem Körper Vitalität und Energie. Durch die abwechselnde Bewegung zählt sie zu den besten Rückenübungen. Sie strafft und festigt zudem Beine, Bauch, Gesäß, Brust, Arme und seitliche Körperpartien. Sie fördert die Verdauung, massiert die Unterleibsorgane und kräftigt die Beckenbodenmuskulatur.

Seilziehen

Schaukel

Die Übung gilt der Wirbelsäule, dem Träger unseres Körpers. Yogis vertreten die Ansicht, daß der Mensch nicht so schnell altert, wenn die Wirbelsäule noch stark und elastisch ist.

Setzen Sie sich zu dieser Übung auf eine Decke und winkeln Sie die Beine an. Versichern Sie sich, daß Sie hinter sich genügend Platz zum Abrollen haben. Fassen Sie nun links und rechts in Ihre Kniekehlen, und erspüren Sie gedanklich Ihre Wirbelsäule. Nun machen Sie Ihren Rücken rund und lassen sich nach hinten rollen. Schwingen Sie rasch auf und ab, ähnlich wie ein Schaukelstuhl. Strecken Sie dabei beim Rückwärtsrollen die Beine, und beugen Sie diese sofort wieder beim Vorwärtsrollen. Halten Sie Ihr Kinn während der ganzen Übung leicht nach vorne gesenkt, da Ihr Kopf sonst versehentlich beim Rückwärtsschwingen auf den Boden schlagen könnte. Schaukeln Sie vier- bis sechsmal hin und her. Legen Sie sich anschließend entspannt auf den Rücken, bis sich Ihr Atem beruhigt hat.

Wenn Sie mit dieser Übung vertraut sind, können Sie am nächsten Tag das Schaukeln mit der Atmung verbinden. Atmen Sie beim Rückwärtsrollen ein und beim Vorwärtsrollen aus. Diese Übung hilft, die morgendliche Steifheit zu überwinden; sie massiert die Wirbel, durchblutet die Rückenmuskulatur und regt den Strom der Nerven im Rückenmark an. Durch diese Verbindung zwischen dem zentralen Nervensystem und dem übrigen Körper wird der komplette Kreislauf angeregt. Menschen mit allzu starrem Rückgrat sollten bei dieser Übung behutsam vorgehen.

Schaukel

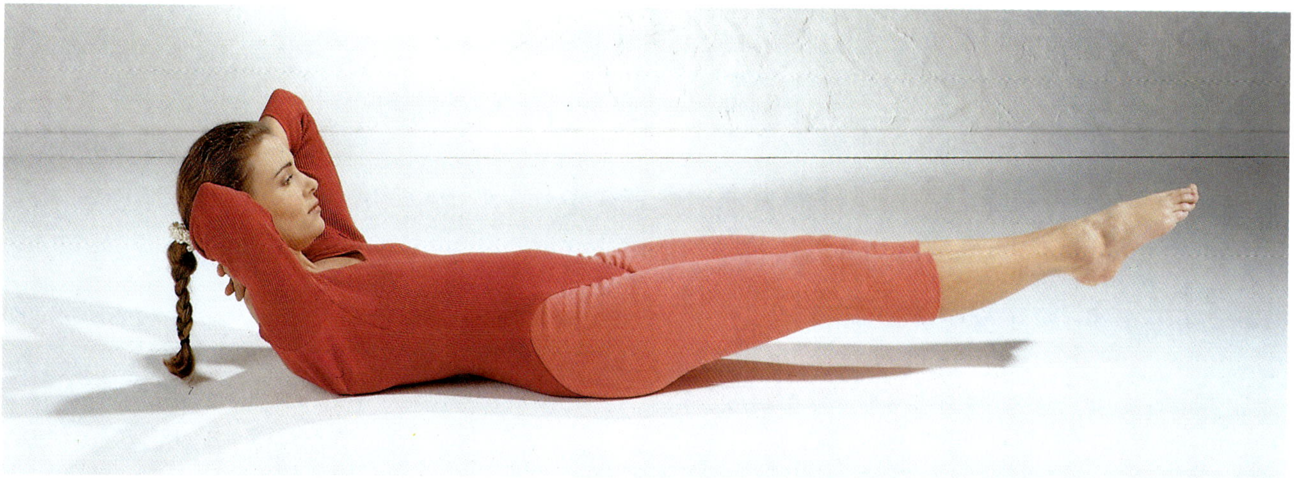

Waage

Waage

Legen Sie sich auf einer Decke ausgestreckt auf den Rücken, und verschränken Sie die Hände im Nacken. Während Sie tief einatmen, heben Sie den Kopf, den Nacken und die Schultern sowie die gestreckten Beine gleichzeitig vom Boden ab. Verbleiben Sie einige Sekunden in dieser Haltung, halten Sie dabei den Atem an. Gehen Sie danach langsam unter gleichzeitigem Ausatmen in die Ausgangsstellung zurück. Wiederholen Sie diese Übung zweimal. Legen Sie sich anschließend entspannt auf den Rükken, und beobachten Sie dabei den immer ruhiger werdenden Atem.

Diese Übung festigt und strafft Bauch, Gesäß und Oberschenkel; sie stärkt Becken, Rücken und Schultern, verringert den Bauchumfang und fördert die Verdauung.

Beinhebestellung

Legen Sie sich auf einer Decke flach auf den Rücken. Die Arme liegen parallel zum Körper, mit den Handflächen nach unten. Atmen Sie tief ein, und heben Sie das linke Bein, bis es mit dem Körper einen rechten Winkel bildet. Das rechte Bein bleibt gestreckt liegen. Verharren Sie etwa 3 Sekunden lang mit angehaltenem Atem. Beginnen Sie auszuatmen, während Sie das Bein langsam zum Boden senken. Ruhen Sie sich zwei bis drei Atemzüge lang aus, wiederholen Sie die Übung anschließend mit dem rechten Bein. Nach einer kurzen Pause versuchen Sie nun, beide Beine gleichzeitig in gestreckter Haltung langsam hochzuziehen. Je langsamer Sie die Beine heben und senken, desto größer ist die Wirkung auf die Muskulatur des unteren Rückens, des Beckens, des Bauchs und der Oberschenkel. Wiederholen Sie die Übung zwei- bis dreimal, legen Sie sich anschließend entspannt auf den Rücken. Diese Übung fördert die Durchblutung des gesamten Körpers.

Beinhebestellung

Kobra

Bei dieser Übung gleichen Sie einer Kobra mit erhobenem Kopf. Legen Sie sich auf einer Decke auf den Bauch. Die Hände liegen unter den Schultern. Die Handflächen zeigen zum Boden, die Fingerspitzen nach vorne. Beine und Zehen sind gestreckt, die Beine geschlossen. Während Sie langsam einatmen, heben Sie zuerst den Kopf, dann Schultern, Brust und Oberkörper vom Boden ab. Spannen Sie Kopf, Schulter und Rumpf immer mehr sanft nach hinten, wobei die Arme den Oberkörper nicht mit Gewalt zurückbiegen dürfen. Sie sollen nur ein Nach-unten-Sinken verhindern; erst gegen Ende des Aufrichtens dürfen die Armmuskeln aktiv werden. Verharren Sie in dieser Stellung, und halten Sie dabei den Atem fünf bis acht Sekunden lang an. Beginnen Sie anschließend auszuatmen, und senken Sie dabei gleichzeitig langsam Ihren Oberkörper, bis das Kinn wieder den Boden berührt.

Konzentrieren Sie sich zu Beginn der Übung auf die Schilddrüse. Wenn Sie den Oberkörper nach oben strecken, dann schwenken Sie Ihre Konzentration auf die Wirbelsäule. Beginnen Sie dabei oben am Hals, und steigen Sie gedanklich Wirbel für Wirbel immer mehr nach unten (wobei der Oberkörper sich weiter aufrichtet). Beim langsamen Zurücksinken verfahren Sie gedanklich in umgekehrter Reihenfolge. Wiederholen Sie die Übung noch zweimal, und ruhen Sie sich anschließend eine Weile aus.

Diese Übung löst mit der Zeit die Starre des Rückgrats und stärkt das Nervensystem. Sie hilft gegen Bandscheibenschäden und kräftigt die Bauch-, Rücken- und Brustmuskulatur. Auch die Nieren regenerieren sich: Während der Übung wird das Blut zunächst aus den Nieren gepreßt, nach Beendigung der Bewegung werden sie dann stark durchblutet und somit von eventuellen Ablagerungen befreit. Außerdem wird die Funktion der Schilddrüse angeregt (bei einer Schilddrüsenüberfunktion sollte jedoch vor Übungsbeginn ein Arzt befragt werden). Die Übung stärkt zudem das Selbstwertgefühl und vermindert Depressionen.

Hocke

Stellen Sie sich mit leicht gespreizten Beinen aufrecht hin. Atmen Sie tief ein, und gehen Sie dann unter gleichzeitigem Ausatmen langsam in die Hocke. Versuchen Sie, beide Fußsohlen fest auf dem Boden zu halten. Die Oberschenkel sind an den Bauch gedrückt, der Oberkörper ist zur Wahrung des Gleichgewichts nach vorn geneigt. Legen Sie Ihre Arme auf oder zwischen die Knie, und verharren Sie in dieser Stellung mit angehaltenem Atem drei bis fünf Sekunden. Gehen Sie dann langsam unter Einatmen in die Ausgangsstellung zurück. Wenn es Ihnen nicht gelingt, den Atem anzuhalten, können Sie mehrere Male, in der Hocke sitzend, durchatmen. Wiederholen Sie diese Übung zweimal. Gehen Sie immer möglichst tief in die Hocke, und machen Sie dabei eine federnde Bewegung. Schon nach einigen Übungstagen werden Sie erstaunt sein, um wieviel besser Ihre Kniegelenke wieder funktionieren. Genießen Sie anschließend den warmen Strom, der durch den Körper fließt.

Wenn Ihnen diese Übung anfangs schwerfällt, weil Sie mit dem Gleichgewicht Schwierigkeiten bekommen, können Sie sich an einem Gegenstand festhalten,

Hocke

der dem Zug standhält. Gut geeignet ist dafür eine Türklinke, an deren Griffen Sie sich bei geöffneter Tür von beiden Seiten festhalten können.

Diese Übung ist sehr zu empfehlen bei beginnenden oder bestehenden Kniebeschwerden sowie bei Darmträgheit. Sie hilft außerdem, einem Hexenschuß vorzubeugen oder einen bestehenden zu mildern.

Dehnungsübung

Setzen Sie sich mit ausgestreckten Beinen aufrecht auf den Boden. Atmen Sie tief ein, und heben Sie dabei gleichzeitig Ihren Oberkörper etwas an. Ziehen Sie nun den Bauch ein, atmen Sie langsam aus, und beugen Sie sich dabei gleichzeitig mit einer leichten Drehung nach vorne, um mit beiden Händen einen Fuß zu umfassen. Bleiben Sie mehrere Sekunden in dieser gebeugten Stellung, und atmen Sie gleichmäßig weiter. Kehren Sie dann unter Einatmung in die Ausgangsstellung zurück. Beugen Sie sich jeweils dreimal zum linken und anschließend zum rechten Fuß.

Wenn Sie Ihre Füße mit gestreckten Beinen nicht erreichen können, nehmen Sie einfach einen Gürtel (zu einer Schlaufe geformt) als Verlängerung Ihrer Hände zu Hilfe. Dehnen Sie sich täglich etwas mehr, bis eine merkliche Lockerung eingetreten ist und Sie Ihre Füße ohne Schwierigkeiten erreichen können. Nach Beendigung dieser Übung ruhen Sie sich in bequemer Rückenlage einige Minuten aus, und lassen Sie Ihren Atem dabei langsam ruhiger werden.

Diese Übung ist ein wirksames „Bauchentfettungsmittel"; sie behebt außerdem Verdauungsstörungen, regt die Darmtätigkeit an, stärkt die Wirbelsäule und macht diese elastisch. Auch die Beine erfahren eine belebende Wirkung, denn die Muskulatur wird leicht gedehnt und die Durchblutung gefördert.

Auf dem Foto links: Kobra

Auf dem Foto rechts: Dehnungsübung

Das Erwecken der Kreativität

Haben Sie Spaß an der phantasievollen, zauberhaften Welt der Kunst sowie den Mut und die Geduld, Dinge auszuprobieren, die für Sie neu und aufregend sind? Oder gehören Sie zu dem Typ Mensch, der seine Kreativität weit unter seinen Scheffel stellt und lieber Bewunderungen ausspricht, statt selbst zu gestalten?

„Hemmschuhe" der Kreativität

Ich weiß aus Erfahrung, daß viele Menschen von sich selbst glauben, keinerlei kreative Fähigkeiten zu besitzen. Dieses Gefühl sowie mangelndes Selbstvertrauen können schon in der Kindheit geprägt worden sein. Die eigenen Arbeiten fanden damals durch andere nur eine geringschätzige Bewertung, und schon glaubte man von sich selbst, keine künstlerischen Talente zu haben. Mit den Jahren setzte dann der eigene innere Kritiker fleißig sein Werk fort, und jeder Ansatz zu kreativen Phantasien wurde durch Hemmungen und selbst gesetzte Grenzen im eigenen Keim erstickt.

Ein weiteres Hindernis, seine Kreativität auszuleben und neue Dinge gestalten zu wollen, kann in der Fülle des heute übermäßigen Konsumangebots liegen. Wozu etwas von Hand fertigen, wo man doch fast alles kaufen kann? Doch das Erwerben von Kunstgegenständen kann niemals das faszinierende Erlebnis ersetzen, selbst etwas zu schaffen.

So erwacht schlummernde Kreativität

Ich bin fest überzeugt, daß jeder Mensch auf seine Weise eine Geschicklichkeit aufweist und daß diese „innewohnende Kunst" auch gelebt und gefördert werden sollte. Denn das Erwecken der eigenen Kreativität harmonisiert das Seelenleben und regt zum Heilen von körperlichen und seelischen Krankheiten an. Dieser heilende Prozeß wird durch eine innere Wandlung angeregt, die durch feinste Energien hervorgerufen wird, die die Kraft besitzen, Spannungen im Körper zu lösen.

Wir alle können von diesem Wissen profitieren und uns selbst die Chance geben, das Leben unter einem völlig neuen Gesichtspunkt zu betrachten. Sie brauchen nur etwas Mut zu sich selbst und ein bißchen Experimentierfreude. Das Alter spielt keine Rolle, sondern nur die Bereitschaft, die selbstauferlegten Zwänge und Verhaltensweisen überwinden zu wollen. Versetzen Sie sich gedanklich in Ihre Kindheit zurück, bevor sich in Ihnen der Glaube manifestierte, unbegabt zu sein. Fühlen Sie die einzigartige Stimmung, die innere Freiheit, die dieser Gedanke mit sich bringt. Und beginnen Sie dann, frei zu modellieren, zu malen, zu musizieren oder zu handarbeiten. Spüren Sie das Licht, das Sie durchflutet, wenn durch die erlebte Freude und Entspannung eine Veränderung in der gesamten Körperchemie entsteht.

Genießen Sie dann mit Begeisterung Ihr kreatives Werk. Es macht nichts, wenn Ihnen die Sache nicht perfekt gelingt. Es geht nicht um vollendete Kunst, sondern um die Freude, schöpferisch tätig zu sein. Für den Anfänger ist es gut, Gruppenstunden oder Seminare zu besuchen, denn in einem kleinen Kreis Gleichgesinnter kann sich in fröhlicher Atmosphäre manch Zauberhaftes viel besser entwickeln.

Die Kraft des positiven Denkens

Ich möchte Ihnen an dieser Stelle das Geheimnis des Erfolges aller Künstler verraten. Es sind die Gedanken, die die Aufbauarbeit jedes Werkes lenken. Zusätzlich hängt alles von unserer Einbildungskraft und von dem Glauben, der in uns lebt, ab. Denn alles, an das wir glauben, gelingt. Mein persönlicher Wahlspruch ist: „Glauben muß man an das, was noch nicht ist, auf daß es werde." Diese Weisheit wende ich täglich an.

Mir wurde bewußt, daß die Kraft des positiven Denkens ohne Zweifel wirkt und daß dieses Gesetz im umgekehrten Fall mit gleicher Kraft auch für das negative Denken gilt. Räumen Sie daher alle Hindernisse aus dem Weg, und verwirklichen Sie Schritt für Schritt Ihre eigenen schönen Ideen.

Im Yoga werden diese Vorgänge zusätzlich durch Konzentrationsübungen unterstützt. Wer die Kunst der Konzentration beherrscht und mit Geduld sein Ziel verfolgt, wird es letztendlich auch erreichen können. Konzentration ist jedoch eine mächtige Waffe, die sowohl schöpferisch als auch zerstörend wirken kann – je nachdem, wie man sie benutzt. Da Konzentration auch Macht verleiht, sollten sich Wünsche niemals im Bereich selbstsüchtiger Begierden entfalten. Entscheiden Sie selbst, helfen Sie sich aus dem Dschungel der Gefühle heraus, und wachsen Sie an dieser Herausforderung des Lebens.

Mit zunehmendem Bewußtsein des eigenen Tuns und Seins wächst dann auch der Mut, die bunte Welt der Kunst durch den eigenen Geist und die imaginäre Kraft der Hände zu entdecken. Bereichern Sie auf diese Weise Ihr Leben, und lassen Sie sich vom Flair und von der Freiheit der schönen Künste verzaubern.

Sinnvolles Erleben mit Yoga

Viele Menschen sehnen sich zwar nach einem ausgeglichenen, zufriedenen und glücklichen Leben, wissen aber oft nicht, wie sie dies erreichen können. Noch gibt es keine Schulen, in denen wir das Glücklichsein lernen können. Es gibt nur einen großen Lehrer – das Leben selbst.

Sehr viele Menschen glauben, Geld allein sei die Grundvoraussetzung für ein glückliches und erfülltes Leben. Andere sehen ihr Glück in einer Beziehung und erwarten vom Partner, glücklich gemacht zu werden. Doch die Kunst des Glücklichseins ist weder ein Privileg der Reichen, noch liegt das Glück in der Erwartungshaltung, daß andere es uns bringen. Glücklichsein bedeutet etwas ganz anderes.

Die Macht der Liebe

Waren Sie schon einmal verliebt? Erinnern Sie sich noch daran? Ihr Schritt war viel beschwingter, Ihr Gesicht strahlte, Ihre Augen leuchteten, und das „gewisse Etwas" in Ihrem Gesicht verlieh Ihnen eine besondere Ausstrahlung, die man mit äußerlicher Schönheitspflege niemals erreichen könnte. Alles um Sie herum war farbig, selbst der graue Novembertag. Menschen, die Sie früher für unhöflich hielten, kamen Ihnen jetzt mit Freundlichkeit und Zuneigung entgegen. Die Welt war rosarot; Sie waren glücklich. In diesem Zustand der Glückseligkeit hätten Sie die ganze Welt umarmen können.

Liebe ist ein Phänomen der innersten Gefühle, prickelnd, berauschend, so als ob feinster, schäumender Champagner durch die Adern flösse.

Ist Liebe ein Vorrecht der Verliebten? Nein, das Lebensglück jeder Seele hängt davon ab, denn die Liebe ist alles. Die Liebe ist der Weg ins Glück, sie schlägt die Brücke über das Sinnliche hinaus. In der Liebe ist das Geheimnis des Lebens und der damit verbundenen Glückseligkeit verborgen. Liebe hat viele Ausdrucksformen: Mutterliebe, Partnerschaftsliebe, Freundschaftsliebe und Tierliebe, sowie etwas mit Liebe sammeln, liebevoll Pflanzen züchten, Blüten arrangieren und vieles andere mehr. Wir begegnen dieser Liebe täglich und müssen nur unsere Augen öffnen, um das zu sehen, was uns überall umgibt.

Der Teufelskreis des Unglücklichseins

Wenn alles so einfach ist, was hindert den Menschen dann daran, glücklich, zufrieden und voller Lebensfreude zu sein? Es sind zweifellos unsere zum Teil negativen Erfahrungen, die wir im Laufe unseres Lebens gemacht haben. Schon in der Jugend geschehen Dinge, die das Vertrauen zerstören. Gefühle, Gedanken und Empfindungen werden oft schwer verletzt. So können zum Beispiel aus Kindheitserlebnissen Selbstzweifel, Schuldgefühle, Minderwertigkeitskomplexe oder Verlustängste erwachsen. Mit den Jahren werden die Konflikte und Probleme allmählich immer größer, weil wir nicht gelernt haben, mit unseren verletzten Gefühlen, Gedanken und Empfindungen umzugehen. Wir bauen Mauern und Barrieren in uns auf und verbergen unsere Gefühle aus Angst, erneut verletzt zu werden. Wir selbst sind dabei unser größter Feind. Selbstauferlegte Zwänge entwickeln in uns die starren Regeln, wie ein Leben geführt werden sollte. Wir erwarten von den anderen den ersten Schritt der Zuwendung, führen oft sinnlose Diskussionen und Streitereien, bis wir schließlich verhärten, weil wir nicht das bekommen, wonach wir uns eigentlich sehnen – Liebe, Geborgenheit, Anerkennung und Zärtlichkeit.

Ein Gefühl der Hilflosigkeit breitet sich aus, und manchmal ist man versucht, die eigenen Schwierigkeiten durch Schuldzuweisungen auf andere abzuwälzen. Wir sind Täter und Opfer zugleich! Ist es ein Wunder, daß in solchen Situationen unser Körper mit Unwohlsein reagiert; daß unser Rücken krumm wird von der schweren Last, die wir tragen müssen; daß aufgestaute Frustrationen unser Leben grimmig gestalten? Wir suchen Schutz vor weiteren Verletzungen und geringschätziger Behandlung und bauen unsere Mauern immer dicker auf. Krankheiten schleichen sich langsam ein, die mit Medikamenten behandelt werden. Hinzu kommt die Hetze des Lebens. Wir arbeiten hart und jagen fernen Zielen hinterher. Schnell wechselnde Reize überfluten uns, überlaute Töne dringen in uns ein, und die Gier nach immer mehr Abwechslung verschließt unsere Sinne. Wir stumpfen ab.

Die innere Bereitschaft, negative Dinge anzunehmen, ist jetzt am größten. Symptome vielfältiger Art können entstehen, wie zum Beispiel Reizbarkeit, Nervosität, Ungeduld, Aggression, Depression, Selbstmitleid, Eifersucht, Besitzdenken, Machtgefühl, Geltungsstreben, Neid, Mißtrauen, Angst und Haß.

Das Sensibilisieren der Sinnesorgane

Wir könnten durch vollkommene Sinnerfahrung ein „sinnvolles“ Leben führen, denn es sind unsere fünf Sinne, die den Schlüssel der Glückseligkeit in sich verbergen. Diese Phänomene der unsichtbaren, feinstofflichen und sinnlichen Energien stehen uns jederzeit zur Verfügung und sollten keinesfalls unterschätzt werden. Unser gesamtes Stimmungsbild hängt davon ab, womit wir unsere Sinne bewußt oder unbewußt täglich beschäftigen. Es sind das Wissen und Bewußtwerden dieser empfindlich reagierenden Wahrnehmungen, die eine Verbindung in uns schaffen, damit wir uns wohl, geborgen und glücklich fühlen können. Im umgekehrten Fall können bei Überbeanspruchung aber auch negative Reizungen, bis hin zur inneren Abstumpfung, entstehen.

Es sind die Düfte, die Klänge, der Geschmack, die Berührung und das Sehen, die in unserem Körper Seelenkräfte entfalten und Prozesse der inneren Wandlung auslösen. Wir können uns selbst helfen, in jenen Zustand der Harmonie zu gelangen, indem wir uns über die Sinnlichkeit in die Atmosphäre des Friedens hineinbegeben.

Die geheime Macht der Düfte

Der Geruch ist der unmittelbarste aller Sinne; er wird auch „Tor zum Bewußtsein“ genannt. Gerüche steuern das Gefühlsleben und wirken nachweisbar stimulierend oder beruhigend, aufregend oder einschläfernd. Auch unser vegetatives Nervensystem reagiert auf diese Impulse, indem der Herzschlag rascher oder langsamer wird, der Blutdruck steigt oder sinkt und sogar die psychische Verfassung beeinflußt werden kann. Duftstoffe wirken in so zarten Bereichen, daß sie unmittelbar Zugang zu unserem Unterbewußtsein finden und dort wirken können.

Schon seit Urzeiten werden Düfte zu den verschiedensten Zwecken eingesetzt und leider auch des öfteren mißbraucht: Düfte können beispielsweise auch manipulieren. Haben Sie trotzdem Vertrauen! Beschäftigen Sie sich mit den natürlichen Düften der Welt, und erfreuen Sie sich am Wohlgeruch dieser sinnlichen Wahrnehmungen.

Die Faszination des Klangs

Musik besitzt die Kraft, unsere Herzen zu öffnen und dunkle Gefühle zu verbannen. Die Klangwellen sind fähig, den tiefsten Kern in unserem Inneren zu berühren, Ängste verschwinden zu lassen, das Herz zu beruhigen und die Muskeln zu entspannen. Gehörlosen gibt allein die Wahrnehmung der Tonschwingungen und deren Vibrationen das Gefühl, aus der tauben Isolation herauszufinden.

Es sind die Schwingungen schöner Stimmen, das Plätschern des Wassers, das Rauschen des Meeres, das Gezwitscher der Vögel, das Lachen fröhlicher Menschen, die eine Lebendigkeit verleihen. Die Grundlage dieses Erlebens ist nicht der Verstand, sondern die Gabe, die Schwingung der Töne zu fühlen.

Suchen Sie also die harmonischen Klänge der Natur, die uns – wie der Ton einer Klangschale – immer leiser werdend an den Ort unseres innersten Friedens führen.

Der Reiz des Geschmacks

Um das Tor der Sinnlichkeit für den Geschmack zu öffnen, braucht man die harmonische innere Ruhe, etwas Geduld und Zeit. Schließen Sie die Augen, und nehmen Sie den Duft der Nahrung wahr. Berühren Sie sie mit Ihren Lippen, und lassen Sie den ersten Bissen bedächtig auf der Zunge zergehen.

Im Mund befinden sich hochempfindliche Geschmackssensoren, die ein wichtiges spirituelles Laboratorium darstellen. Hier wird in Sekundenschnelle erforscht, ob die Nahrung salzig, süß, sauer oder bitter, heiß oder kalt, hart oder weich ist.

Die ätherischen Teilchen der Nahrung werden schon im Mund vorbereitet, um als Träger der Vitalität dem Körper wertvolle, feinstoffliche Substanzen zu übergeben. Während Sie aufmerksam versunken die feinen Geschmacksnuancen kosten, spüren Sie vielleicht, wie Sie langsam immer stiller werden und eine Sekunde der Besinnung erleben. Dies ist der Moment, tief einzuatmen, die Stille in sich aufzunehmen und zu fühlen, daß sich der Verstand erhellen kann und der Wille um Gesundheit stärker wird.

Das Wunder der Berührung

Fühlen, Spüren und Tasten können Wellen der Freude in uns erzeugen. Sanfte Massagen, die Berührung von feinsten, seidigen Stoffen, das Umhüllen mit warmen, weichen Tüchern, die warmen Sonnenstrahlen auf der Haut, der Wind in den Haaren oder angenehm temperiertes Wasser, das unseren Körper warm umspielt, schenken uns ein Gefühl des Wohlbefindens. Das intensive Erleben dieser Reize über die Haut läßt uns erahnen, welcher Reichtum noch verborgen vor uns liegt. Streichelnde, liebkosende Hände werden zu feinsten Instrumenten. Das Wunder liegt in der Freude des Staunens, wenn man zusätzlich erkennt, daß sich die gleichen Hände an den Stromkreis pulsierender Energien der unerschöpflichen Quelle des großen Kosmos anschließen können.

Wagen Sie einen Versuch. Reiben Sie Ihre Handflächen so lange aneinander, bis Sie deutlich Wärme spüren. Legen Sie sich nun diese pulsierenden Hände auf den Oberbauch, und spüren Sie die wärmende Energie, die sanft Ihren Körper durchläuft. Mit zunehmender Erfahrung können Sie Energien auch ohne Reibung der Handflächen aufnehmen. Setzen Sie sich dazu aufrecht hin, legen Sie Ihre Hände auf die Oberschenkel, und öffnen Sie sie (die Handflächen zeigen nach oben). Bilden Sie nun jeweils mit dem Daumen und dem Zeigefinger einen Kreis. Konzentrieren Sie sich auf beide Hände, die weich auf den Oberschenkeln ruhen. Je empfindlicher Ihre Wahrnehmungen sind, desto eher spüren Sie das zarte Pulsieren, Kribbeln und Prickeln in den gesamten Händen, teilweise bis in die Ellenbogen hinein.

Energiefluß über die Hände

Geben Sie diese zarte Schwingung der Hände an Ihren eigenen Körper zurück, und spüren Sie die harmonisierende Wirkung dieser entspannenden Energien. Lösen Sie so Ihre innere Spannung auf, und fühlen Sie sich weich und offen. Geben Sie sich unbefangen dem Gefühl der Berührung hin, und erfahren Sie dabei eine neue Lebendigkeit.

Mit Liebe sehen

Bewußtes Sehen erfolgt nicht nur mit den Augen. Auch die anderen Sinne erfassen das gesehene Bild und nehmen das auf, was im Augenblick geschieht. Die Schönheiten so wie ein Maler zu sehen, bedarf einer Sensibilität, die man in der Stille erfahren kann. Wenn das Denken ruhig geworden ist, erwachen die Sinne. In diesem Zustand besteht die Möglichkeit, im Alltag Dinge zu entdecken, die vorher – mit Verstand gesehen – einen anderen Sinn ergaben. Machen Sie Beobachtungen, die jeder schon gemacht hat. Betrachten Sie die Menschen, die Ihnen entgegenkommen, und fühlen Sie deren Stimmungen. Manche lachen, andere wirken stark bedrückt. Jugendliche mit verrückten Frisuren, eine alte Frau mit Hund oder der Bettler an der Ecke – jeder hat seine eigene Schönheit. Es besteht jedoch ein Unterschied, ob Sie diese Szenen mit dem Herzen oder mit dem Verstand sehen. Wer bereit ist, die Schönheit des Alltags zu erkennen, sich vielleicht mit Phantasie in die Rolle eines Regisseurs zu versetzen, der kann das Leben mit anderen Augen sehen. Diese Erfahrung ist beglückend und nimmt dem Leben seine häßlichen Seiten. Schauen Sie mit dem Herzen, und alles erscheint in einem neuen Glanz!

Das Geheimnis, glücklich zu werden

Mit dem Erwecken der sinnlichen Wahrnehmungen erwacht auch die innere Feinfühligkeit. Die zartesten Empfindungen können sich auf diese Weise langsam entwickeln; und mit der Zeit öffnet sich aus den sinnlichen Erfahrungen heraus ein völlig neuer Weg, der unvermeidlich auch das äußere Leben verändern wird.

Eine Gesellschaft in der Sackgasse der Gefühle

Ist es ratsam, Gefühlen, Emotionen und sinnlichen Erfahrungen in der heutigen Zeit freien Lauf zu lassen, in der Erfolg, Leistung, Geld, Konsum und Sicherheit das Denken bestimmen? In der viele glauben, daß das wahre Glück und die Zufriedenheit nur in der Leistung und der Sicherheit zu finden seien; in der sich alle Gedanken darum drehen, immer erfolgreich sein zu müssen; in der täglich ein harter Konkurrenzkampf stattfindet und in der die eigenen „Zwangsgedanken" zu mehr Leistung anspornen? Schon die Jugend wird auf Leistung getrimmt, niemand klärt sie darüber auf, daß andere Wahrnehmungen vernachlässigt werden, wenn die Gedanken und Gefühle immer die gleichen Probleme umkreisen. In dieser unterschwelligen Eintönigkeit, im täglichen Kampf um Leistung, Konsum und Sicherheit erschöpft der Mensch und geht mit zunehmendem Alter den leisen Weg der Abstumpfung, der ihn verbittert und niedergeschlagen macht.

Das Erschreckende an dieser Tatsache ist, daß viele Menschen ihre Lebensform (die Gleichförmigkeit ihrer Lebensgewohnheiten) auch noch verteidigen, da sie diese für ein unvermeidbares Schicksal halten. Und was der Mensch denkt, fühlt und glaubt, scheint Wirklichkeit zu werden. In dieser Sackgasse der Gefühle, in der Bequemlichkeit und Resignation den Weg zum wahren Glück verschließen, bleibt die Herausforderung bestehen, doch noch den Weg ins Glück zu finden.

Die Kraft der Gedanken und Gefühle

Der erste Schritt auf dem Weg zum Glück besteht darin, sich selbst kennenzulernen und zu durchschauen. Und das ist ein großes Abenteuer. Sind Sie bereit?

Halten Sie jetzt einen Moment inne, und fühlen Sie in sich hinein. Mit welchen Gedanken beschäftigen Sie sich gerade? Welche Gefühle begleiten Sie dabei? Es ist anfänglich nicht einfach, Gedanken und Gefühle zu begreifen. Uns bleibt nur die Wahl des stillen Beobachters, der alles, was wir sagen, denken und fühlen, in Ruhe anhört und einordnet. Auch wenn Sie mit „Seelenkunde" nichts zu tun haben wollen, ist es sehr wichtig, die inneren Stimmungen bewußt zu erleben.

Ihre Gefühle bestimmen Ihr Leben. Jedes Gefühl sowie jede Verhaltens- oder Denkweise löst unbewußt im Körper innere Kräfte aus, die nur darauf warten, die

Macht über das Bewußtsein zu ergreifen. Gefühle und Gedanken, die uns beherrschen, steuern unbewußt unser Verhalten und können augenblicklich Unruhe, Verletztsein, Rache oder andere negative Verhaltensmuster in uns auslösen. In der Yoga-Schulung werden die Schüler aufgefordert, sich selbst keine zerstörenden Gedanken zu suggerieren.

Suggestionen geschehen nicht nur durch die eigenen Gedanken, sondern auch durch die Umwelt, in Form von Wort und Bild. Wir sind ununterbrochen diesen unmittelbaren Beeinflussungen ausgesetzt. Jede negative Botschaft gräbt sich tief in unser Unterbewußtsein ein. Dies kann ungewollt zur Knechtschaft führen. Der unruhige Geist unterliegt den schlechten Gedanken, und schlechte Gedanken machen das Leben unglücklich.

Man sollte niemals die Kraft der Gedanken und Gefühle unterschätzen, da diese unter dem Einfluß einer magnetischen Kraft stehen. Jedes Gefühl und jeder Gedanke besitzen die Fähigkeit, sich zu verwirklichen. Jeder von uns ist allein für seine Gefühle und Gedanken verantwortlich. Wir selbst sind die Schöpfer unseres eigenen Wohlbefindens. Entscheiden Sie sich, holen Sie sich Ihre gedankliche Freiheit zurück. Sie können es schaffen! Begreifen Sie, daß Ihr Leben erst dann glücklich werden kann, wenn Sie bereit sind, Ihre inneren Ängste und die selbstgesetzten Grenzen aufzulösen, die den Weg der Befreiung blockieren.

Bei weiterem, ernsthaftem Suchen stoßen Sie vielleicht auf die Erkenntnis, daß sich das wahre Glück nur in der Liebe und der damit verbundenen Offenheit entfalten kann: mit offenem Herzen wahrnehmen, was der Tag uns bringt, wieder staunen zu lernen wie ein Kind. Noch leichter wird das Leben, wenn man alles als Lektion betrachtet und an den gegebenen Erfahrungen wachsen kann. Man muß mit der Gewißheit und dem Gefühl leben, daß alles so richtig ist, wie es ist. Schauen Sie nicht mit Schuldgefühlen in die Vergangenheit zurück, leben Sie in der Gegenwart! Die Fähigkeit, Glück zu empfinden, kann nicht über den Verstand gesteuert werden. Dieser muß schweigen, damit sich die Sinne entfalten können.

Die Kraft der Entspannung

Es ist ein Lernprozeß, Gedanken zur Ruhe bringen zu können. Bei dieser inneren Entwicklung spielt anfänglich das Umfeld eine entscheidende Rolle. Beste Voraussetzungen für eine innere Entspannung bieten naturbelassene Landschaften, wie beispielsweise Berge mit ihren grünen Almen, mit Schilfrohr umsäumte Seen, würzig duftende Wälder, sich im Wind sanft wiegende Getreidefelder oder ein Sonnenuntergang, der alles mit seinen leuchtenden Farben verzaubert. Selbst der unruhigste Geist wird von dieser Stille und Weite positiv beeinflußt; durch die äußeren Eindrücke entstehen beruhigende Impulse.

Leider ist es bei unangenehm kreisenden Gedanken nicht immer möglich, sofort einen natürlichen Platz der Schönheit mit der gegebenen Stille aufzusuchen. Die Wirklichkeit sieht nämlich anders aus. Die tägliche Tretmühle, die Belastungen des Tages sowie die Begegnung mit verschiedensten Menschen rauben uns unsere Energien. Manchmal sind unsere Kräfte in Phasen innerer Gereiztheit (wenn also familiärer oder beruflicher Streß, körperliche Überanstrengungen oder einfach nur Unlust vorherrschen) einfach überfordert. In diesem Zustand findet der Ärger immer eine Ausdrucksmöglichkeit. Aufgestaute Energien entladen sich in unterschiedlichsten Verhaltensweisen. Spontane Kräfte lassen den einen häßliche Worte sagen, während andere den Ärger buchstäblich in sich hineinfressen oder sich langsam in Krankheiten flüchten.

In diesen Augenblicken, in denen sich Herz und Seele abkapseln, ist die Liebe zum eigenen Selbst in allerhöchster Gefahr. Die Sinne verlieren ihre Sensibilität und versteinern emotional. Wir tun uns selbst sehr weh. Niemand hat uns beigebracht, unsere eigene Persönlichkeit zu respektieren, wertzuschätzen und zu lieben. Wen wundert es, daß das innere Ich bei diesem Defizit der Gefühle zu sich selbst schnell niedergedrückt, passiv, glanzlos, schwunglos oder müde wird?

Denken Sie daran, daß alles, was Sie in sich hineinlegen, über die Seele an Ihren Körper zurückgegeben wird. Mit diesem Wissen wird es zur Pflicht, sich selbst zu lieben und diese Liebe in der Bereitschaft der Wandlung auf andere zu übertragen.

Die wahre Liebe zum eigenen Ich drückt sich in Lebenslust und Lebensfreude aus. Dieses lebensbejahende Gefühl fördert unsere Dynamik, entwickelt in uns Kreativität, Charme, Witz und Geist und läßt uns gesund und stark das Leben genießen. Ich bin der festen Überzeugung, daß in jedem von uns der Wunsch nach diesem Gefühl schlummert. Doch der Blick in die Außenwelt unterdrückt und verschließt den Kontakt zum inneren Selbst. Dabei wäre es so wichtig, wieder mit dem eigenen Geist in Berührung zu kommen, um hier den Ort des Friedens und der Erholung zu finden. In uns fließt die Quelle der ewigen Kraft, derem intuitiven Wissen wir bedingungslos vertrauen können.

Wenn Sie beginnen, sich nach innen zu wenden, werden Sie schon bald bemerken, daß um Sie herum eine besondere Atmosphäre entsteht, die allmählich auch andere bemerken. Dies schafft Ihnen eine eigene angenehme Schwingung in Form von Ruhe und Zufriedenheit. Um dies zu erreichen, sollte man sich täglich ein paar Minuten Zeit gönnen. Steigen Sie für einen kurzen Moment aus der blinden Hektik und Routine aus. Erlernen Sie die Fähigkeit, Ihre innere Weisheit anzuzapfen, und lassen Sie sich von der Tiefe der Stille verwandeln. Von der Stille, die uns mit der anderen Welt verbindet. Mit der Welt, aus der wir kommen.

Die Kraft der Meditation

Es gibt viele verschiedene Meditationsarten. Gehen Sie auf Entdeckungsreise, sammeln Sie Ihre eigenen Erfahrungen. Tun sie nur das, was Ihnen gefühlsmäßig die größte Ruhe verschafft. Es hat keinen Sinn, mit Gewalt nach psychischen Erlebnissen zu suchen.

An dieser Stelle möchte ich Ihnen eine mir sehr liebgewordene Art des Meditierens vorstellen. Setzen Sie sich in einer bequemen Stellung aufrecht hin. Machen Sie bewußt einige tiefe Atemzüge, und lösen Sie anschließend bei jedem Ausatmen alle noch verbliebenen Spannungen in Ihrem Körper. Schließen Sie die Augen. Ihr Gesicht ist weich und locker. Atmen Sie gleichmäßig weiter. Spüren Sie, wie sich nach und nach Ihr Körper völlig entspannt. Breiten Sie nun langsam Ihre Arme aus; stellen Sie sich vor, Sie umarmten die ganze Welt. Lassen Sie sich von Ihrer Phantasie zeigen, wie diese (Ihre) Welt aussieht. Nehmen Sie sich ausreichend Zeit, um den Kontakt zur Erde herzustellen. Spüren Sie, ob sie sonnig oder dunkel ist, und wie sie riecht. Die Erde liegt nun in Ihren Händen, mit allem, was sich darauf befindet und bewegt. Bei intensiver Konzentration sehen Sie sogar die Meere und die Gebirge.

Spüren Sie die feinen Schwingungen der pulsierenden Erde, die ihre Energien wiederum an Sie zurückgibt? Atmen Sie gedanklich die Erde ein, und verbinden Sie sich mit dieser riesigen Kraft. Lassen Sie nun ganz langsam den Kreis Ihrer Hände immer enger werden, bis diese auf Ihrem Herzen ruhen. Spüren Sie dort die Wärme und die Lebensenergie, die nun frei und ungehindert durch Ihren ganzen Körper fließt. Genießen Sie es, in Ihrem Bewußtsein still und ruhig zu werden.

Wenn Sie jetzt Ihre persönlichen Probleme vertrauensvoll in die Hände einer höheren Macht legen, werden Sie von göttlicher Seite eine Lösung bekommen. Vielleicht geschieht dies auf eine andere Weise, als Sie erwartet hatten, aber Ihr Herz wird das empfangen, was Sie brauchen. Haben Sie einfach Vertrauen.

Machen Sie es sich zur Lebensaufgabe, glücklich zu sein, und Sie werden sich wundern, wieviel besser und schöner Ihr Leben sein wird. Lassen Sie das Lachen über sich selbst und über das Leben zu, es gestaltet alles viel freier. Wer über sich selbst lachen kann, entlastet die Seele und akzeptiert das unfertige „Ich".

Ein Lachen, das von Herzen kommt, nimmt uns die Maske vom Gesicht, schafft Abstand vom verkrusteten Erwachsensein. Diese alte Schicht muß weichen, damit die warme Heiterkeit des Herzens wieder sichtbar wird. Erwachsene tun oft so, als wären sie stark, selbständig und ausgereift. Aber ist es in Wahrheit nicht so, daß in jedem von uns die Kinderseele wohnt, die liebend gern die große Hand ergreifen möchte? Wir haben die Chance, uns nichts mehr vorzumachen. Sehr schnell werden wir dann bemerken, daß der Mensch gerade durch die Unvollkommenheit sehr liebenswert wird.

Fit durch sportliche Aktivitäten

Körperliche Bewegung an frischer Luft ist ein weiterer Schlüssel zu Gesundheit und guter Laune. Dabei spielt der Sauerstoff eine große Rolle. Durch Bewegung und damit verbundene intensive Atmung wird der gesamte Organismus verstärkt mit sauerstoffreichem Blut versorgt. Vor allem unser Gehirn ist sehr abhängig von einer ausreichenden Sauerstoffzufuhr.

Folgen der Bewegungsarmut

Gerade in der heutigen Zeit, in der viele Menschen am Schreibtisch arbeiten, kommt körperliche Bewegung oftmals zu kurz. Als Folge können sich im Laufe der Zeit Herz-Kreislauf-Beschwerden entwickeln. Außerdem können Abfallprodukte schwerer durch das Lymphsystem aus dem Organismus herausgeschleust werden. Das Lymphsystem besitzt nämlich nicht, wie unser Blutkreislauf, eine Pumpe, die die Lymphflüssigkeit durch die Kanäle bewegt. Dies geschieht fast ausschließlich durch die Bewegungsübertragung der an das Lymphsystem angrenzenden Muskeln. Bewegt man sich also wenig, dann kann das Lymphsystem seinen Aufgaben nicht ausreichend nachkommen.

Mit Freude bewegen

Bewegung ist immer sinnvoll, sofern sie nicht mit verbissenem Ehrgeiz betrieben wird. Jeder Beitrag zum Körpertraining sollte die körperliche und geistige Funktion des eigenen Körpers fördern und das Wohlfühlgefühl steigern, anstatt es durch einengende Zwänge zu beeinträchtigen.

Suchen Sie sich eine Sportart, die Ihrem Alter und Ihrer körperlichen Konstitution entspricht. Falls Sie bei Ihrer Wahl unsicher sind, fragen Sie doch einmal Ihren Hausarzt. Es gibt viele Bewegungsarten, die Spaß machen, zum Beispiel leichte Sportarten wie Schwimmen, Tanzen, Radfahren, Wandern, Joggen und Spazierengehen, sowie anstrengendere Disziplinen, wie Surfen, Skifahren oder Schlittschuhlaufen.

Wählen Sie Ihr persönliches Gesundheitsprogramm, und fördern Sie auf diese Weise spielerisch die eigene Vitalität, Schnelligkeit und Ausdauer. Stabilisieren Sie dabei die Leistung des Herzens und des Blutkreislaufs. Bewegung stimuliert auch die Produktion und Ausschüttung verschiedener Hormone und regt unter anderem die Produktion von Sexualhormonen an. Sie beugt darüber hinaus der Osteoporose (Knochenentkalkung) vor und stärkt das Immunsystem. Regelmäßiger Sport fördert weiterhin durch die verbesserte Sauerstoffzufuhr die Denkfähigkeit, vergrößert das Fassungsvermögen der Lunge, hilft Körperfett einzuschmelzen und fördert die Bildung von Muskelmasse.

Die Trennkost in der Praxis

Umschalttag

Bevor Sie Ihre Ernährung auf Trennkost umstellen, sollten Sie einen sogenannten Umschalttag einlegen. Dieser dient der Anregung des Stoffwechsels und der Entgiftung.

Neben dem Verzehr der bei den einzelnen Tagen beschriebenen Lebensmittel ist es unbedingt nötig, daß Sie am Umschalttag ausreichend Flüssigkeit zu sich nehmen. Geeignet sind dafür natriumarmes, stilles Mineralwasser sowie Tee (Früchte- und Kräutertee).

Nachfolgend finden Sie verschiedene Vorschläge für den Umschalttag. Wählen Sie nach Belieben aus. Übrigens, bei allen Beispielen (außer beim Obsttag) dürfen Sie morgens zusätzlich eine Kleinigkeit frühstücken.

Gemüse-Salat-Tag

Essen Sie an diesem Tag ausschließlich Salat und/oder Gemüse der Saison in roher oder leicht gedünsteter Form. Die Menge dieser Lebensmittel richtet sich dabei ganz nach Ihrem persönlichen Appetit. Verzichten Sie beim Dünsten auf Fett und Salz. Nach Belieben können Sie zum Würzen aber etwas vegetarische Gemüsebrühe (Instantpulver) verwenden.

Obsttag

Bis 15 Uhr können Sie an diesem Tag frisches Obst der Saison (bitte aber keine Bananen, frische Feigen und Datteln) essen. Die Menge richtet sich auch hier nach Ihrem Appetit. Ab 17 Uhr stehen dann noch 2 mittelgroße Bananen oder 2 mittelgroße Pellkartoffeln auf Ihrem Speiseplan.

Kartoffel-Trink-Tag

Diesen Entschlackungstag empfehle ich besonders denjenigen, die einen empfindlichen Magen-Darm-Trakt haben. Und so wird der Kartoffeltrunk zubereitet:

Garen Sie 500 g gut gewaschene, ungeschälte Kartoffeln in etwa 2 l Wasser (ohne Salz). Bei neuen Kartoffeln können Sie die Schale später mitverzehren; ältere Kartoffeln sollten Sie nach dem Garen schälen. Nach dem Kochen werden die Kartoffeln dann zusammen mit der Kochflüssigkeit püriert. Der Kartoffeltrunk wird über den Tag verteilt getrunken.

Kartoffel-Gemüse-Suppen-Tag

An diesem Tag gibt es eine Suppe aus 3 Kartoffeln, 3 Zwiebeln, 3 Stangen Lauch, 1 Stück Knollensellerie und (nach Geschmack) 3 Möhren. Das exakte Gewicht der Zutaten spielt hier keine Rolle. Und so wird die Suppe zubereitet:

Putzen Sie das Gemüse, waschen und zerkleinern Sie es. Dann geben Sie es in einen großen Topf, füllen mit Wasser auf und fügen nach Belieben frische, gehackte Kräuter und Gewürze (zum Beispiel Petersilie, Majoran, Liebstöckel, Kümmel und Knoblauch) hinzu. Anschließend wird alles zugedeckt bei mittlerer Temperatur gegart, bis das Gemüse weich ist. Zum Schluß können Sie die Suppe mit etwas vegetarischer Gemüsebrühe (Instantpulver) abschmecken. Die Suppe wird über den Tag verteilt gegessen.

Trennungsplan

Dieser Trennungsplan gibt Ihnen einen genauen Überblick darüber, welche Lebensmittel in die Eiweißgruppe, welche in die neutrale Gruppe und welche in die Kohlenhydratgruppe gehören. Außerdem finden Sie dort eine Aufzählung von Lebensmitteln, deren Verzehr in der Trennkost nicht empfohlen wird. Ich habe diese zu meidenden Lebensmittel trotzdem im Plan in der zugehörigen Gruppe aufgelistet, damit Sie wissen, in welche sie gehören. Dennoch sollten Sie stets selbst entscheiden, ob Sie ein solches Lebensmittel lieber meiden möchten oder nicht. Ihre persönliche Freiheit liegt mir hier sehr am Herzen.

Innerhalb einer Mahlzeit dürfen zur Eiweiß- und zur Kohlenhydratgruppe gehörende Lebensmittel nicht zusammen gegessen werden, da sonst die Verdauungsvorgänge gestört werden. Folgende Kombinationen sind aber möglich:

- Lebensmittel aus der Eiweißgruppe kombiniert mit solchen aus der neutralen Gruppe
- Lebensmittel aus der Kohlenhydratgruppe kombiniert mit solchen aus der neutralen Gruppe.

Sie werden schon nach wenigen Tagen mit Trennkost feststellen, daß es sehr einfach ist, trennkostgerechte Mahlzeiten zusammenzustellen, und daß Sie viel Freiheit bei Ihren Lebensmittelkombinationen haben.

Eiweißgruppe

- **gegarte Fleischsorten:**
vom Rind z. B. Bratenfleisch, Rouladen, Gulaschfleisch, Steaks, Hackfleisch und Geschnetzeltes; vom Kalb z. B. Schnitzel und Bratenfleisch; vom Lamm z. B. Koteletts, Keule und Rücken. Schweinefleisch zählt auch in die Eiweißgruppe. Sein Verzehr wird aber nicht empfohlen

- **gegarte Geflügelsorten,**
z B. Putenrollbraten, Putenschnitzel und -brust, Putengeschnetzeltes, Gans, Ente, Hähnchen und Poularde

- **gegarte Wurstsorten,**
z. B. gebratene Bratwurst, Fleischwurst, Leberkäse, Rindswurst, Knacker, Corned beef, gekochter Schinken und Geflügelwurst.
Gegarte Wurstwaren aus Schweinefleisch sind nicht empfehlenswert und sollten daher durch solche aus Rind- und Geflügelfleisch ersetzt werden

- **ungeräucherte, gegarte Fischsorten,**
z. B. Seelachs, Kabeljau, Lachs, Rotbarsch, Heilbutt, Thunfisch, Makrele, Hering, Forelle, Hecht und Scholle

- **gegarte Schalen- und Krustentiere (Meeresfrüchte),**
z. B. Muscheln, Garnelen, Krebse und Hummer

- **Sojaprodukte,**
z. B. Sojasauce, Tofu (Sojabohnenquark) und mit Soja hergestellte Brotaufstriche

- **Eier**

- **Milch**

- **Käsesorten mit höchstens 50 % Fett i. Tr.,**
z. B. Parmesan, Harzer Käse, Edamer, Gouda und Tilsiter

- **gekochte Tomaten**

- **folgende Getränke:**
Früchtetee, Apfelwein, herber Weiß- und Rotwein, herber Rosé, trockener Sekt, Obstsäfte und mit Wasser verdünnte Obstsäfte

- **Beerenfrüchte (außer Heidelbeeren),**
z. B. Erdbeeren, Himbeeren und Preiselbeeren

- **Kernobstsorten (außer mürben, süßen Äpfeln),**
z. B. säuerliche Äpfel, Birnen und Quitten

- **Steinobstsorten,**
z. B. Pfirsiche, Aprikosen und Kirschen

- **Weintrauben**

- **Zitrusfrüchte,**
z. B. Orangen, Zitronen und Grapefruits

- **exotische Obstsorten (außer Bananen, frischen Feigen und Datteln),**
z. B. Mangos, Maracujas, Papayas und Ananas

Tips:

- Obwohl Obst selbst keine Säuren im Körper bildet (es wirkt basenbildend), wird es zur Eiweißgruppe gezählt. Ein Verzehr von Obst, welches ja viel Fruchtsäure enthält, kann nämlich die Verdauung von kohlenhydratreichen Lebensmitteln behindern. Zählt man Obst zur Eiweißgruppe, dann darf man es nicht zusammen mit Lebensmitteln aus der Kohlenhydratgruppe essen, und die Verdauung kann problemlos ablaufen.

- Verwenden Sie zum Panieren von Lebensmitteln aus der Eiweißgruppe keine Semmelbrösel (sie gehören in die Kohlenhydratgruppe), sondern Sesamsamen, gemahlene Mandeln oder gemahlene Nüsse (alles neutrale Lebensmittel).

- Frikadellen werden in der Trennkost statt mit Brötchen (sie gehören in die Kohlenhydratgruppe) mit Quark oder fein geriebenen Möhren (beides neutrale Lebensmittel) gelockert.

Neutrale Gruppe

Die in dieser Gruppe aufgelisteten Lebensmittel dürfen innerhalb einer Mahlzeit sowohl mit Lebensmitteln aus der Eiweiß-, als auch mit solchen aus der Kohlenhydratgruppe gemischt werden.

- **Fette (außer gehärteten und weißen, festen Fetten),**
z. B. Öle (hier bitte die kaltgepreßten bevorzugen), ungehärtete Margarinesorten mit einem hohen Anteil an mehrfach ungesättigten Fettsäuren (aus dem Reformhaus) und Butter; außerdem: schmalzähnlicher, pflanzlicher Brotaufstrich (im Reformhaus oder im Naturkostladen unter der Markenbezeichnung „Holstener Liesl" zu finden)

- **gesäuerte Milchprodukte,**
z. B. Joghurt, saure Sahne, Quark, Buttermilch, Dickmilch und Kefir; außerdem: vergorenes Molkekonzentrat (Molkosan, siehe Seite 59)

- **süße Sahne und Kaffeesahne**

- **Käsesorten mit mindestens 60 % Fett i. Tr.,**
z. B. Doppelrahmfrischkäse, Butterkäse, Camembert, Rahm- und Butterrahmkäsesorten

- **Weißkäsesorten,**
z. B. Schafs- und Ziegenkäse, Mozzarella, körniger Frischkäse

- **rohe, geräucherte Wurstwaren,**
z. B. Bündner Fleisch, roher Schinken, Salami und Debrecziner. Hier sollten Sie auf Sorten aus Schweinefleisch verzichten und auf solche aus Rind- oder Putenfleisch ausweichen.

- **rohes Fleisch,**
z. B. Tatar (rohes Fleisch sollte aber gemieden werden)

- **rohe, marinierte oder geräucherte Fischsorten,**
z. B. Schillerlocken, geräucherter Bückling, geräucherter Aal, geräucherte Makrele oder Forelle, Räucherlachs, Matjeshering und Bismarckhering

- **folgende Gemüsesorten:**
Auberginen, Artischocken, Avocados, Brokkoli, Blumenkohl, grüne Bohnen, Chicorée, Chinakohl, grüne Erbsen, Fenchel, Gurken, Knoblauch, Kohlrabi, Lauch, frischer Mais, Mangold, Möhren, Paprikaschoten, Peperoni, Radieschen, Rettich, rote Beten, Rosenkohl, Rotkohl, Sauerkraut, Sellerie, Spargel, Spinat, rohe Tomaten, Weißkohl, Wirsing, Zwiebeln, Zucchini

- **Blattsalate,**
z. B. Kopfsalat, Endiviensalat, Feldsalat und Eisbergsalat

- **Pilze,**
z. B. Champignons, Austernpilze, Pfifferlinge und Steinpilze

- **Sprossen und Keime,**
z. B. Mungbohnenkeimlinge, Alfalfa und Radieschensprossen

- **Kräuter, Gewürze und Zitrusschalen**

- **Nüsse (außer Erdnüssen) und Samen,**
z. B. Haselnüsse, Walnüsse, Kokosnußraspel, Mandeln, Sesam und Mohn

- **Heidelbeeren**

- **ungeschwefelte Rosinen**

- **Oliven**

- **Eigelb**

- **Hefe**

- **Gemüsebrühe**

- **klare, hochprozentige Spirituosen,**
z. B. Korn, Wacholder und klarer Obstbrand

- **Kräutertees**

- **Geliermittel,**
z. B. Gelatine (tierisches Produkt), Agar-Agar (eine pulverisierte Meeresalge – das Pulver wird in kalter Flüssigkeit aufgelöst, dann erhitzt man das Ganze auf 60 bis 80 °C und läßt es erkalten), pflanzliche Bindemittel aus Johannisbrotkernmehl (gibt es in Reformhäusern)

Kohlenhydratgruppe

- **Vollkorngetreide,** z. B. Weizen, Roggen, Dinkel, Hafer, Gerste, Hirse, Grünkern, getrockneter Mais und Naturreis

- **Buchweizen**

- **Vollkorngetreideerzeugnisse,** z. B. Vollkornbrot und -brötchen, Kuchen aus Vollkornmehl, Vollkornnudeln und Vollkorngrieß

- **Kartoffeln**

- **folgende Gemüsesorten:** Topinambur, Grünkohl und Schwarzwurzeln

- **folgende Obstsorten:** Bananen, mürbe, süße Äpfel, frische Feigen und frische Datteln

- **ungeschwefeltes Trockenobst (außer Rosinen)**

- **folgende Süßungsmittel:** Frutilose (siehe Seite 59), Honig, Ahornsirup, Birnen- und Apfeldicksaft

- **Kartoffelstärke**

- **Weinsteinbackpulver**

- **Puddingpulver (ohne Farbstoff)**

- **Carobe** (gemahlene Frucht des Johannisbrotbaums – das Pulver wird wie Kakao verwendet und ist im Naturkostladen erhältlich)

- **Bier**

Tip:

- Getreidebratlinge werden vor dem Panieren nicht in Ei gewendet und nur mit Vollkornsemmelbröseln, gemahlenen Nüssen oder Sesamkörnern paniert.

Diese Lebensmittel bitte meiden:

- weißes Mehl und daraus hergestellte Produkte, z. B. süße und pikante Backwaren sowie Nudeln und polierten Reis
- Zucker, Süßstoffe und daraus hergestellte Produkte, z. B. Süßwaren, Marmeladen und Gelees
- Fertiggerichte und Konserven
- getrocknete Hülsenfrüchte, z. B. Bohnen, Erbsen und Linsen
- Erdnüsse
- Preiselbeeren
- Schweinefleisch und rohes Fleisch
- Wurstwaren
- rohes Eiweiß von Eiern
- fertige Mayonnaise
- Essig
- gehärtete Fette, z. B. normale Margarinesorten und feste, weiße Fritier- und Bratfette (Plattenfette)
- schwarzer Tee, Bohnenkaffee, Kakao und hochprozentige Spirituosen

Mengenplan

Durch diesen Plan erfahren Sie, wie ein Tag mit der Trennkost aussehen sollte. Sie sehen, was und wieviel Sie beispielsweise zum Frühstück oder am Mittag essen können und in welchen ungefähren zeitlichen Abständen die verschiedenen Mahlzeiten eingenommen werden sollten. Die Gewichtsangaben und die Uhrzeiten auf dem Mengenplan sind nur Richtwerte.

1 Glas (etwa 200 ml) natriumarmes und stilles Mineralwasser

Frühstück

Hier haben Sie die Wahl zwischen einer Kohlenhydrat-, einer Eiweiß- und einer Obstmahlzeit.

Kohlenhydratmahlzeit:
1 Scheibe Vollkornbrot (50 g)
oder 1 Vollkornbrötchen
oder 3 Scheiben Vollkornknäckebrot.
Die jeweilige Brotsorte dünn mit Butter oder Margarine bestreichen und mit folgendem belegen beziehungsweise bestreichen:
30 g rohe Wurst (ca. 3 dünne Scheiben)
oder 30 g Käse ab 60% Fett i. Tr. (ca. 1 Scheibe)
oder 50 g Quark (ca. 2 EL)
oder 2 TL Honig.
Alternativ dazu können Sie auch ein Müsli (siehe Rezept Seite 62) oder einen Getreidebrei essen.

Eiweißmahlzeit:
2 Eier (als Spiegeleier oder Rühreier zubereitet oder gekocht. Achtung: Nicht mehr als 3 Eier pro Woche).

Dazu können Sie folgendes essen: Tomaten, Gurken, Paprikaschoten, Radieschen oder andere neutrale Gemüsesorten. Brot ist nicht erlaubt.

Obstmahlzeit:
In beliebiger Menge frisches Obst der Saison (außer Bananen, frischen Feigen und Datteln).

Wenn Sie auf Ihren Kaffee oder schwarzen Tee nicht verzichten möchten, sollten Sie ihn mit etwas Sahne oder eventuell auch mit Honig verfeinern.

Wichtig: Jeden Bissen sorgfältig kauen und gut einspeicheln. Kaffee oder Tee ist kein Speichelersatz.

1 Glas (etwa 200 ml) Früchte- oder Kräutertee oder stilles Mineralwasser

1 Glas (etwa 200 ml) Früchte- oder Kräutertee oder stilles Mineralwasser

1. Zwischenmahlzeit

200 g frisches Obst der Saison (aber keine Bananen, frische Feigen oder Datteln)
oder 250 ml Frischmilch
oder 250 g angesäuerte Milchprodukte (z. B. Joghurt, Quark, Dickmilch oder Buttermilch)
oder 100 g frisches Obst (aber keine Bananen, frische Feigen oder Datteln) und dazu 125 ml Frischmilch oder angesäuerte Milchprodukte

1 Glas (etwa 200 ml) Früchte- oder Kräutertee oder stilles Mineralwasser

Mittagessen

Mittags haben Sie die Auswahl zwischen einer Eiweiß- und einer Kohlenhydratmahlzeit.

Eiweißmahlzeit:
100–150 g Fleisch
oder 200 g Fisch
oder 2 Eier
oder 60–80g Käse bis 50 % Fett i. Tr.
oder 80 g gegarte Wurstsorten.
Dazu gibt es ca. 400 g neutrales Gemüse und Salat.

Kohlenhydratmahlzeit:
50 g Getreide (roh gewogen)
oder 60 g Naturreis (roh gewogen)
oder 60 g Vollkornnudeln (roh gewogen)
oder 100 g Vollkornbrot
oder 200 g Kartoffeln.
Dazu gibt es ca. 400 g Gemüse und Salat.

Zusätzlich zu den Zutaten für die Eiweiß- oder Kohlenhydratmahlzeit können Sie auch kleine Mengen Butter, Margarine, Öl oder Sahne verwenden. Die genannten Lebensmittel sind neutral und passen immer dazu. Außerdem dürfen Sie zu jeder Mittagsmahlzeit noch 30–50 g neutrale Lebensmittel essen (siehe Trennungsplan Seite 46).

Wichtig: Während einer Hauptmahlzeit sollten Sie nichts trinken. Falls Sie nicht darauf verzichten wollen, trinken Sie die Flüssigkeit stets schluckweise.

1 Glas (etwa 200 ml) Früchte- oder Kräutertee oder stilles Mineralwasser

1 Glas (etwa 200 ml) Früchte- oder Kräutertee oder stilles Mineralwasser

1 Glas (etwa 200 ml) Früchte- oder Kräutertee oder stilles Mineralwasser

2. Zwischenmahlzeit

1 Banane
oder 1 Müsliriegel ohne Zucker
oder 1 Stück Kuchen (Rezepte Seite 70)
oder 2–3 Plätzchen (Rezepte Seite 71–73)
oder 1 Scheibe Knäckebrot mit Honig
oder 2 EL Quark mit 1 TL Honig
oder 1 EL Vollkornhaferflocken und 1 Becher Joghurt
oder 200 g angesäuerte Milchprodukte (z. B. Joghurt, Dickmilch, Quark oder Buttermilch).
Wichtig: Keine Frischmilch trinken, denn sie ist nachmittags schwerer verdaulich.

1 Glas (etwa 200 ml) Früchte- oder Kräutertee oder stilles Mineralwasser

Abendessen

Abends haben Sie die Auswahl bei den **Kohlenhydratgerichten** (ab und an können Sie abends auch einmal ein neutrales oder ein Eiweißgericht essen).
50 g Getreide (roh gewogen)
oder 100 g Vollkornbrot
oder 60 g Naturreis (roh gewogen)
oder 60 g Vollkornnudeln (roh gewogen)
oder 200 g Kartoffeln.
Dazu gibt es ca. 400 g Gemüse und Salat sowie 30–50 g neutrale Lebensmittel (siehe Trennungsplan Seite 46) und kleine Mengen Butter, Margarine, Öl oder Sahne.

Wochenplan

	Frühstück	Zwischenmahlzeit
1. Tag (Montag)	■ Dinkelmüsli (Seite 62)	■ 1 großer säuerlicher Apfel (ca. 200 g)
2. Tag (Dienstag)	■ 1 Scheibe Vollkornbrot, dünn mit Butter bestrichen und mit 1 Scheibe (30 g) Käse (ab 60 % Fett i. Tr.) belegt	■ 250 g Buttermilch
3. Tag (Mittwoch)	■ Joghurt „Vital" (Seite 65)	■ 1 große oder 2 mittelgroße Birnen (ca. 200 g)
4. Tag (Donnerstag)	■ frisches Obst der Saison (außer Bananen, frischen Feigen und Datteln) in beliebiger Menge	■ Erdbeershake (Seite 65)
5. Tag (Freitag)	■ Apfelbrei mit Joghurt (Seite 63)	■ 4 große Möhren (ca. 200 g)
6. Tag (Samstag)	■ Käserührei (Seite 69)	■ 1 große Orange (ca. 200 g)
7. Tag (Sonntag)	■ Kefir-Beeren-Speise (Seite 63)	■ 1 kleiner säuerlicher Apfel (ca. 100 g) und 125 g Kefir

Mittagessen	Zwischenmahlzeit	Abendessen
■ Tomatensalat „Korsika“ (Seite 86), einige Oliven und 1 Vollkornbrötchen	■ 1 Becher Naturjoghurt (200 g)	■ Überbackenes Spargelbrot (Seite 67)
■ Indisches Reisgericht (Seite 92)	■ 1 große Banane (ca. 200 g)	■ Spaghetti mit kerniger Sauce (Seite 102)
■ Geflügel-Blumenkohl-Suppe (Seite 122)	■ 3–5 Mandelecken (Seite 72)	■ Saftiges Käsebrot (Seite 64)
■ Grüner Gemüsesalat (Seite 108) und 1 Vollkornbrötchen	■ 1 großer süßer Apfel (ca. 200 g)	■ Pellkartoffeln mit Lachscreme (Seite 68)
■ Feine Fischsuppe (Seite 123)	■ 1 Scheibe Knäckebrot mit 1 TL Honig	■ Heidelbeerpfannkuchen (Seite 101)
■ Überbackene Käsespätzle (Seite 104) und Möhrenfrischkost (Seite 87)	■ 3–5 Müslihäufchen (Seite 72)	■ Spinat „Nancy“ (Seite 79) und 1 Scheibe Vollkorntoastbrot
■ Lammkoteletts mit jungem Gemüse (Seite 119)	■ 1 Stück Marlenes Rosettenkuchen (Seite 70)	■ Vesperbrot „Griechische Art“ (Seite 65)

Anmerkung: Dieser Wochenplan ist so angelegt, daß Sie mittags Ihre Hauptmahlzeit zu sich nehmen. Falls es Ihrem persönlichen Essensrhythmus eher entspricht, wenn Sie die Hauptmahlzeit abends essen, dann können Sie die Spalten „Mittagessen“ und „Abendessen“ tauschen. Denken Sie aber daran, daß abends in der Regel eine Kohlenhydratmahlzeit auf Ihrem Speiseplan stehen sollte. Daher müssen Sie getauschte Eiweißgerichte gegen Kohlenhydratgerichte auswechseln.

Die Trennkost im Alltag

Trennkost in der Familie

Wenn Sie den Wunsch verspüren, Ihre Ernährung und die Ihrer Familie auf Trennkost umzustellen, sollten Sie dies mit Bedacht tun und nicht zu hart mit sich und Ihrer Familie umgehen. Ich weiß dies aus eigener Erfahrung. Durch meine damalige Euphorie bedingt, war ich längere Zeit hart und streng zu mir selbst, dementsprechend aber auch meiner Familie und meinen Mitmenschen gegenüber. Ich lief mit Scheuklappen durch die Welt und glaubte, die alleinige Glückseligkeit läge in der Trennkost. Durch meine enge Haltung wurden auch meine Gedanken eng, und meine starren Ansichten ließen Alternativen nicht zu. Zum Glück wachte ich rechtzeitig auf. Mir wurde klar, daß eine gesunde Ernährung bereichern, aber niemals verhärten sollte.

Die erfolgreiche Ernährungsumstellung

Gehen Sie bei der Ernährungsumstellung in kleinen Schritten vor, und überfordern Sie sich nicht. Eine Veränderung der Eßgewohnheiten kann nicht unverzüglich gelingen. Versuchen Sie anfänglich, dort etwas zu ändern, wo es Sie und Ihre Familie am wenigsten schmerzt.

Bauen Sie Stück für Stück die alten, in Ihren Augen schlechten Gewohnheiten ab, um auf bessere umzusteigen. Beginnen Sie beispielsweise damit, Süßigkeiten und Knabbergebäck nur noch ganz selten auf den Tisch zu stellen. Servieren Sie statt dessen einmal frisches Obst der Saison. Außerdem läßt sich beim Backen weißes Mehl zum Teil durch Vollkornmehl ersetzen. Ein völliges Austauschen der Mehlsorten ist nicht ratsam, da reine Vollkornteige mehr Flüssigkeit benötigen als im Rezept für Weißmehlteige angegeben.

Und noch ein Tip: Versuchen Sie, die Fleischmengen Ihrer Mahlzeiten zu reduzieren und dafür den Anteil an Gemüse und Salat zu erhöhen. Und herkömmliches Mischbrot aus Weißmehl läßt sich ohne großes Murren der Familie durch ein gut schmeckendes, frisches Vollkornbrot austauschen. Sie sehen, auch kleine Veränderungen führen langsam zum Ziel. Übrigens, auf Seite 13 finden Sie weitere Tips zur erfolgreichen Ernährungsumstellung durch den Austausch verschiedener Lebensmittel (siehe Tabelle „Alternativen zu industriell hergestellten Lebensmitteln“).

Mahlzeiten für Nicht-Trennköstler

Selbst wenn manches Familienmitglied nicht nach Trennkost essen möchte, ist doppeltes Kochen nicht erforderlich – man ergänzt eine Eiweißmahlzeit lediglich mit Kartoffeln, Reis, Nudeln oder Getreide, und im umgekehrten Fall bekommen die „Nicht-Trennköstler" bei einer Kohlenhydratmahlzeit zusätzlich Fleisch, Fisch, Käse oder Eier auf den Teller.

- In der Praxis könnte dies bei einer Eiweißmahlzeit folgendermaßen aussehen:
  Für Trennköstler: pro Person 150 g Rinderbraten; dazu ca. 400 g Wirsinggemüse.
  Für Nicht-Trennköstler: Die Mahlzeit mit ca. 150 g Kartoffeln ergänzen und die Wirsingmenge ein wenig reduzieren.
- Bei einer Kohlenhydratmahlzeit könnte die Ergänzung folgendermaßen aussehen:
  Für Trennköstler: pro Person ca. 200 g Kartoffeln; dazu ca. 400 g Wirsinggemüse
  Für Nicht-Trennköstler: Die Mahlzeit mit ca. 150 g Fleisch ergänzen und den Wirsinganteil reduzieren.

Sie sehen, bei Trennkost können alle, ganz nach Geschmack, mehr oder weniger mitmachen.

Trennkost für Berufstätige und schnelle Küche

In der heutigen, hektischen Zeit bleibt für viele eine gesunde Ernährung auf der Strecke. Man möchte nach der Arbeit nicht stundenlang im Lebensmittelgeschäft zubringen, und auch aufwendiges Kochen ist vielen beruflich sehr Eingespannten häufig lästig. So sind schnelle Mahlzeiten gefragt, damit man den täglichen Zeitplan einhalten kann. Doch auf Dauer führen Streß und Hektik im beruflichen wie auch im privaten Bereich zu Gereiztheit und Nervosität.

Nur ein gesunder, gepflegter Körper kann tagtäglich die geforderten Leistungen erbringen. Da Gesundheit und Wohlbefinden ganz entscheidend von der richtigen Ernährung abhängen, müssen Sie Ihrem Körper über das Essen alle lebensnotwendigen Stoffe in ausreichender Menge zur Verfügung stellen.

Gerade Berufstätigen fällt es oft recht schwer, ihren täglichen Mahlzeitenrhythmus einzuhalten. Häufig fehlt ihnen auch die Zeit, frische Lebensmittel einzukaufen und sich davon etwas zur Arbeit mitzunehmen. So wird dann oft auf Snacks und Fast Food ausgewichen.

Ein Tag mit der Trennkost

Nachfolgend habe ich Ihnen einen kleinen Leitfaden zusammengestellt, der zeigt, wie Sie als Berufstätiger ohne großen Aufwand eine ausgewogene Ernährung praktizieren können.

Frühstück

Wenn Sie es morgens eilig haben, sollten Sie bis 12 Uhr am besten nur Obst (bis auf Bananen, frische Feigen und Datteln) essen. Die Menge bestimmen Sie selbst. Kombinieren Sie nach Möglichkeit nur Obstsorten aus der gleichen Gruppe, zum Beispiel Mandarinen mit Orangen (Zitrusfrüchte), Pfirsiche mit Aprikosen (Steinobst) oder Beerenfrüchte miteinander. Heben Sie sich die Banane für den Nachmittag auf. Essen Sie die Früchte in mehreren Etappen mit 1- bis 2stündigen Pausen dazwischen. Auf diese Weise bleibt der Blutzuckerspiegel konstant, und Heißhungergefühle kommen nicht so schnell auf. Das Gute am Obst ist, daß es sich problemlos mit an die Arbeit nehmen läßt.

Wenn Sie sich morgens Zeit nehmen können, etwas ausgiebiger zu frühstücken, dann sollten Sie dies in jedem Fall tun. Empfehlenswert für den kulinarischen Start in den Tag sind kräftiges Vollkornbrot (dies ist auch über eine längere Zeit haltbar), Vollkornbrötchen oder Müsli. Das Brot wird dünn mit Butter bestrichen und mit 1 bis 2 Scheiben roher Wurst (etwa 30 g) oder 30 g Käse (mit mindestens 60% Fett i. Tr.) belegen.

Wenn Sie beim Frühstück auf Kaffee oder schwarzen Tee nicht verzichten möchten, sollten Sie ihn mit Kaffeesahne oder etwas Honig verfeinern.

1. Zwischenmahlzeit

Um den Stoffwechsel optimal anzukurbeln, sollte man zwei Stunden nach dem Frühstück eine kleine Zwischenmahlzeit einlegen. Diese sollte bei Berufstätigen beispielsweise aus Obst (zum Beispiel Äpfel, Birnen, Orangen oder Ananas), frischem Gemüse (zum Beispiel Möhren, Kohlrabi, Gurken, Paprikaschoten, Fenchel oder Tomaten) oder einem Joghurt bestehen.

Mittagessen

Was Ihnen an der Trennkost gefallen wird: Die Mahlzeiten schmecken nicht nur gut, die meisten lassen sich auch schnell zubereiten oder problemlos mit an die Arbeitsstelle nehmen.

Für die „Kochmuffel" unter Ihnen bietet sich mittags folgende Möglichkeit an: Nehmen Sie einfach ein Päckchen Hüttenkäse und ein Brötchen sowie eine ganze Salatgurke oder 3 große Tomaten mit zur Arbeit.

Und so können Sie zeitsparend ein Essen zum Mitnehmen zubereiten: Kochen Sie von der Abendmahlzeit die doppelte Menge, und nehmen Sie dann die Hälfte davon am nächsten Tag mit. Oder Sie kochen bei einer Kohlenhydratmahlzeit am Abend von den Kartoffeln oder Nudeln, vom Reis oder vom Getreide die doppelte Menge und verarbeiten die Hälfte davon zu einem zweiten Gericht weiter. Zum Beispiel kann man aus Kartoffeln prima einen Kartoffelsalat zubereiten, der sich gut transportieren läßt.

Möchten Sie mittags ein Eiweißgericht essen, dann bieten sich hartgekochte Eier, Bratenfleisch, gebratene Hähnchenschenkel (kann man auch kalt essen) und Käse zum Mitnehmen gut an.

Gemüse kann ja sowohl zu Eiweiß- als auch zu Kohlenhydratgerichten dazugegessen werden, da es neutral ist. Bereiten Sie daher abends von der Gemüseportion einfach die doppelte Menge zu, und nehmen Sie den Rest am nächsten Tag mit. Das Gemüse kann dann kalt oder warm gegessen werden.

Hier nun noch einige Tips zum Transportieren der selbstgemachten Gerichte: Flüssige, warme Gerichte, wie zum Beispiel Suppen und Eintöpfe, erhitzt man morgens kurz und füllt sie dann für den Transport in eine Thermobox. Andere warme Mahlzeiten kann man in verschließbaren Behältern mitnehmen und an der Arbeitsstelle auf einer Kochplatte oder, falls vorhanden, im Mikrowellengerät erwärmen. Bei Salaten verpackt man die Salatzutaten und die Sauce getrennt in zwei Plastikboxen und mischt den Salat erst kurz vor dem Essen. (Ausnahmen sind hier Salate, die laut Rezept eine gewisse Zeit durchziehen müssen).

2. Zwischenmahlzeit

Nach der Mittagszeit sollten Sie Ihrem Magen eine Pause von etwa 3–4 Stunden gönnen. Trinken Sie in der Zwischenzeit Früchte- oder Kräutertee oder Mineralwasser.

Da am Nachmittag bei fast allen Menschen der Blutzuckerspiegel sinkt, sollten Sie sich gegen 15 Uhr eine kleine süße Mahlzeit gönnen, zum Beispiel eine Banane, einen Müsliriegel ohne Zucker oder Trockenobst. Zum Beispiel Rosinen, mit Sonnenblumenkernen gemischt, schmecken nicht nur gut, sondern regen auch die Verdauung positiv an.

Nach 15 Uhr empfiehlt es sich, auf Früchte (außer auf Bananen, Heidelbeeren, mürbe, süße Äpfel oder Trockenobst) zu verzichten, da sie im Darm Gärungsprozesse verursachen können.

Abendessen

Am Abend sollte man den Körper nicht unnötig mit einer üppigen Mahlzeit belasten. Ein voller Bauch kann die Nachtruhe nämlich empfindlich stören. Denken Sie immer daran: Alles, was Sie essen und trinken, muß im Körper verdaut und verstoffwechselt werden. Je schwerer die Mahlzeit, desto höher ist die Belastung des Organismus.

Bevorzugen Sie aus diesem Grund abends die leichter verdaulichen Kohlenhydrate. Bereiten Sie sich aus Kartoffeln, Reis oder Nudeln leckere, schnelle Mahlzeiten zu. Wählen Sie zusätzlich nach eigenem Geschmack etwas aus der neutralen Liste. Essen Sie auch hier stets einen großen Salat oder Gemüse dazu (Rezepte finden Sie auf Seite 86 und 87).

Trennkost im Restaurant

Essen ist eine Lebensfreude, die wir uns nicht nehmen lassen sollten. Köstliche Speisen, von Könnerhand zubereitet, wecken unsere Sinne. Darum sollte dieser Wohlgeschmack auf der Zunge auch mit viel Gefühl genossen werden. Essen und genießen Sie so, wie es viele Manager tun. Diese brauchen einen klaren Verstand und eine schier unerschöpfliche Energie, um gute Geschäfte machen zu können. Stopfen Sie sich daher nicht schon vor dem Essen mit dem gereichten Weißbrot voll, da Sie sonst satt sind, bevor die Hauptmahlzeit kommt.

Beginnen Sie Ihre Mahlzeit im Restaurant mit einem Salatteller. Wählen Sie anschließend nach Belieben zwischen einer Eiweiß- oder einer Kohlenhydratmahlzeit aus. Scheuen Sie sich dabei nicht, dem Ober Ihre speziellen Wünsche mitzuteilen. Haben Sie sich für Fleisch oder Fisch entschieden (also für ein Eiweißgericht), wählen Sie als Beilage Gemüse oder Salat statt Kartoffeln, Kroketten, Reis oder Nudeln.

Wenn Sie lieber eine Kohlenhydratmahlzeit zu sich nehmen möchten, versetzen Sie sich einfach in die Lage eines Vegetariers. Viele Restaurants bieten inzwischen phantastisch schmeckende vegetarische Nudel-, Reis- oder Gemüsegerichte an. Auch die Vollwertküche (in der die meisten Gerichte vegetarisch sind) hat sich in vielen Restaurants einen guten Platz erobert.

Trennkost im Urlaub

Wählen Sie bei Ihrer Urlaubsplanung erst gar keine Vollpension, denn sie engt Sie in Ihrer persönlichen Freiheit zu sehr ein. Übernachtung mit Frühstück ist besser, denn hierbei können Sie sich Ihr Essen als Selbstversorger nach eigenem Geschmack trennkostgerecht zusammenstellen und zudem auch die landestypische Küche genießen. Stellen Sie Ihre Gerichte in den Speiselokalen nach den gleichen Richtlinien zusammen, wie es bereits im Kapitel „Trennkost im Restaurant" (siehe links) beschrieben wurde.

In heißen Ländern reicht zum Mittagessen oft eine Obstmahlzeit. Auf den bunten Märkten findet man eine riesige Auswahl an aromareichen Früchten, wie Melonen, Ananas, Orangen und Birnen. Auch sonnengereiftes Gemüse, wie Tomaten, Paprikaschoten oder Gurken, das man ebenfalls auf jedem Markt kaufen kann, eignet sich (gut gewaschen) als leckere Rohkost-Mittagsmahlzeit. Übrigens: An heißen Urlaubstagen ist es sehr wichtig, ausreichend zu trinken. Geeignet sind Mineralwasser oder eventuell eine Weinschorle.

Im Urlaub wird die Hauptmahlzeit häufig erst am Abend eingenommen. Hier empfiehlt es sich, zuerst einen Salatteller zu sich zu nehmen. Das Fleisch oder den Fisch des Hauptgangs sollten Sie danach langsam essen und besonders gut kauen.

Am besten ist es natürlich, wenn Sie abends eine Kohlenhydratmahlzeit essen. Nach dem Abendessen sollten Sie noch etwas Bewegung an der frischen Luft genießen. Hier bietet sich, je nach Urlaubsort, ein schöner Spaziergang am Strand oder ein Einkaufsbummel in der Stadt an. Fühlen Sie sich leicht und beschwingt, genießen Sie Ihren Urlaub ohne Angst vor der Waage zu Hause.

Trennkost für Gäste

Nette Freunde einzuladen und in fröhlicher Runde Spaß zu haben - dazu gehört natürlich auch ein leckeres Essen. Hiermit ist aber kein „Fünf-Gänge-Menü" gemeint, bei dessen Vorbereitung schon jeglicher Spaß am Feiern verlorengeht. Eine durch Vorbereitungshektik verdorbene Laune kann das spätere gesellige Beisammensein nämlich erheblich stören. Ein ausgeglichener Mensch hingegen schafft durch seine Ruhe und sein Lachen die ideale Voraussetzung für eine gelungene Party.

Packen Sie die Sache deshalb fröhlich an, probieren Sie einmal das vielfältige und gleichzeitig einfache Angebot der Hayschen Trennkost.

Bieten Sie Ihren Gästen etwas Besonderes - zum Beispiel eine Trennkostparty.

Ihrer Phantasie sind bei der Gestaltung des Festes keine Grenzen gesetzt. Schmücken Sie die Tafel mit bunten Blumensträußen, Kerzen, frischem Obst und Gemüse. Denken Sie sich in Ihre Gäste hinein, und wählen Sie gefühlvoll unter den Kohlenhydrat- oder Eiweißgerichten aus. Sie können sich, je nach Gelegenheit und Geschmack, für verschiedene Möglichkeiten entscheiden, von denen ich nachfolgend nur einige kurz beschreiben möchte.

Grillparty

Zu einer Grillparty kann ich Ihnen folgende Vorschläge für Eiweißgerichte machen:

Grillen Sie statt der üblichen Schweinesteaks und Würstchen besser Geflügel- oder Lammfleisch. Diese sind oft fettärmer, aromatischer und saftiger als Schweinefleisch (welches in der Trennkost ja auch nicht zu empfehlen ist). Auch Fisch und Garnelen, direkt auf dem Grill oder in Alufolie gegart, zählen zu den beliebten Gaumenfreuden.

Reichen Sie dazu gegrillte Gemüsespieße: Schneiden Sie hierfür Zwiebeln, Paprikaschoten und Zucchini (die Menge richtet sich nach der Zahl der Gäste) in mundgerechte Stücke, und spießen Sie diese abwechselnd mit kleinen Champignonköpfen und Partytomaten (Kirschtomaten) auf Holz- oder Metallspieße. Lassen Sie alles in einer Marinade aus Olivenöl, Kräutersalz, Rosenpaprikapulver, getrocknetem Oregano und Rosmarin sowie zerdrücktem Knoblauch etwa 1 Stunde durchziehen. Anschließend werden die Spieße unter häufigem Wenden gegrillt, bis sie bißfest sind.

Neuen Geschmack beim Grillen bringen auch Spieße mit Curryfrüchten: Schneiden Sie dazu frisches Obst, wie Ananas, Mangos, Pfirsiche, säuerliche Äpfel oder Kirschen in mundgerechte Stücke, und stecken Sie diese dann auf lange Spieße. Bestreichen Sie alles mit flüssiger Butter, und bestäuben Sie die Spieße zuletzt mit Currypulver. Die Spieße werden (am besten auf Alufolie) etwa 10 Minuten unter häufigem Wenden gegrillt.

Frische Salate dürfen bei einem Grillfest auch nicht fehlen. Auf den Seiten 82 bis 87 und 128 bis 129 finden Sie attraktive Vorschläge.

Übrigens: Falls Sie Ihre Speisen auf einem herkömmlichen Holzkohlegrill mit waagerecht angeordnetem Glutkorb grillen, dann sollten Sie der Gesundheit zuliebe Alufolie auf den Rost legen oder Alugrillschalen verwenden. So kann kein Fett in die heiße Glut tropfen, und es entstehen keine gesundheitsgefährdenden Stoffe.

Für das Grillfest eignen sich als Getränke neben Mineralwasser und Tee (Kräuter- und Früchtetee) auch Weinschorle, gespritzter Apfelwein oder verdünnte Fruchtsäfte. Mein Lieblingsgetränk ist die wohlschmeckende Autofahrerbowle. Brühen Sie dazu eine größere Menge Früchtetee mit Erdbeergeschmack auf, und lassen Sie ihn anschließend abkühlen. Füllen Sie den Tee anschließend in ein großes Bowlengefäß, geben Sie pro Liter Tee etwa 200 g tiefgefrorene Erdbeeren hinzu. Bei Bedarf können Sie die Bowle mit etwas Frutilose süßen. Hängen Sie als Dekoration eine in Spiralenform abgeschnittene Zitronen- oder Orangenschale an den Glasrand. Füllen Sie die fertige Bowle erst kurz vor dem Servieren in Sektgläser und schäumen Sie das Getränk mit einem Schuß trockenen Sekt oder natriumarmen Mineralwasser auf.

Brunch

Besonders am Wochenende ist diese Art zu essen sehr beliebt. Bei einem ausgedehnten Frühstück mit warmen und mit kalten Speisen kann man das Zusammensein mit der Familie oder mit Freunden so richtig genießen.

Kohlenhydratbrunch

Reichen Sie zu einem klassischen Kohlenhydratbrunch Vollkornbrötchen, verschiedene Sorten Vollkornbrot, Butter, Honig, Müsli, Bananen, Heidelbeeren, abgelagerte, mürbe, süße Äpfel, Buttermilch, Quark, Camembert (60% Fett i. Tr.) und Frischkäse. Nach Belieben können Sie die Auswahl durch Räucherlachs, rohen Rinderschinken oder Bündner Fleisch erweitern. Je nach Geschmack passen auch eine leichte Suppe (aus der Kohlenhydrat- oder neutralen Gruppe) sowie ein pikanter Gemüsekuchen (Kohlenhydratgericht) und verschiedene neutrale oder Kohlenhydratsalate zum Kohlenhydratbrunch.

Als Getränk eignen sich alle Teesorten (außer schwarzem Tee und Früchtetee). Bohnenkaffee zählt nicht zu den empfohlenen Getränken; entscheiden Sie selbst, ob Sie eventuell an Malz- oder Getreidekaffee Geschmack finden können.

Eiweißbrunch

Zu einem Eiweißbrunch können Sie verschiedene frische Obstsorten, wie Ananas, Melone, Erdbeeren oder andere Früchte der Saison reichen. Servieren Sie aber keine Bananen, frische Feigen oder Datteln, da diese in die Kohlenhydratgruppe gehören. Dazu reichen Sie körnigen Frischkäse sowie Rühreier, gekochte Eier oder Spiegeleier und zusätzlich aufgeschnittene Tomaten, Gurken und Paprikaschoten. Auch hier können Sie nach Belieben eine leichte Suppe (aus der Eiweiß- oder der neutralen Gruppe), ein Fleisch- oder ein Fischgericht dazu servieren.

Für die Getränke gilt das gleiche wie bei der Grillparty: Mineralwasser, Tee, Weinschorle, gespritzter Apfelwein und verdünnte Obstsäfte.

Weitere Ideen

Weiteren geselligen Spaß bieten Fondue- und Raclette-essen. Der Gastgeber hat hier die wenigste Arbeit, da die Gäste ihre Spieße oder Pfännchen selbst gestalten und auch alles selbst garen. Phantasievolle Rezepte für Fondues (Fischbrühfondue, Gemüsebrühfondue), Raclettes, verschiedene Saucen und Canapés finden Sie in diesem Buch auf den Seiten 130 bis 139. Lassen Sie sich überraschen!

Wichtige Hinweise zum Rezeptteil

Hinweise zu den Rezepten

Einteilung der Gerichte
Damit Sie auf den ersten Blick erkennen, zu welcher der drei Gruppen ein jeweiliges Gericht zählt, haben wir die Rezeptnamen in verschiedenen Farben abgedruckt.

- rote Schrift = Kohlenhydratgericht
- blaue Schrift = Eiweißgericht
- graue Schrift = neutrales Gericht

Portionsangaben
Die Rezepte ergeben in der Regel 2 Portionen. Ausnahmefälle sind im Rezeptkopf angegeben. Im Kapitel „Gerichte für Gäste" sind die Zutatenmengen in der Regel für 4 Personen.

Zubereitungszeit und Extrazeiten
Die Zubereitungszeit beinhaltet sowohl die Vorbereitungszeit als auch die Gar- bzw. Backzeit. Alle Extrazeiten (zum Beispiel Zeit zum Quellen, Gehen oder Kühlen) sind immer in einer besonderen Zeile angegeben und müssen zur Zubereitungszeit hinzugerechnet werden. Im Kapitel „Gerichte für Gäste" ist bei den Raclette- und Fonduerezepten immer nur die jeweilige Vorbereitungszeit angegeben, da ja erst später am Tisch gegart wird.

Kalorienangaben
Die Kalorien- (kcal) sowie Kilojouleangaben (kJ) beziehen sich immer auf 1 Portion bzw. auf 1 Stück (z. B. bei Kuchen und Gebäck).

Zutatenmengen
Die Zutatenmengen beziehen sich auf die ungeputzte Rohware. Bei Stückangaben (z. B. 1 Apfel oder 1 Karotte) wird von einem Stück mittlerer Größe ausgegangen.

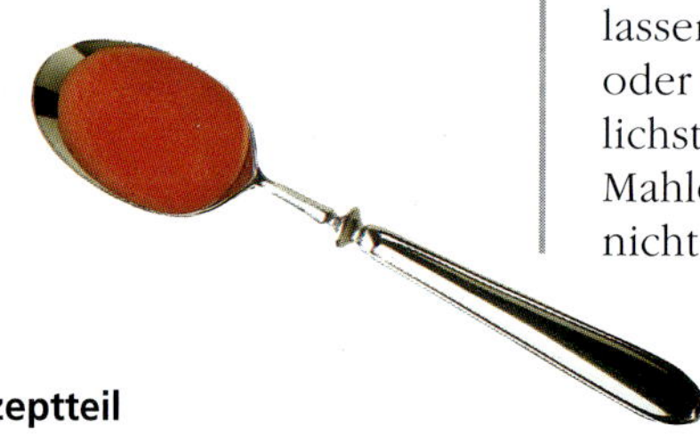

Eßlöffel- und Teelöffelmengen
Bei diesen beiden Angaben sind immer gestrichene Maße gemeint.

Gerichte kombinieren
Wenn Sie verschiedene Gerichte zu einem Menü zusammenstellen möchten, beachten Sie bitte ihre jeweilige Gruppenzugehörigkeit. Kohlenhydratgerichte (rote Rezeptnamen) sind untereinander nach Belieben zu kombinieren. Eiweißgerichte (blaue Rezeptnamen) ebenso. Neutrale Gerichte (graue Rezeptnamen) können entweder zusammen mit Kohlenhydrat- oder mit Eiweißgerichten gegessen werden.

Rezepte variieren oder selbst kreieren
Möchten Sie Rezepte verändern oder eigene Kreationen entwickeln, beachten Sie bitte die Gruppenzugehörigkeit der zu verwendenden Lebensmittel. Ziehen Sie den Trennungsplan (S. 44 bis 47) zu Rate.

Gerichte ergänzen
Für Partner oder Familienmitglieder, die sich nicht der Trennkosternährung anschließen wollen, brauchen Sie nicht extra zu kochen. Ergänzen Sie Kohlenhydrat- oder neutrale Gerichte einfach mit Fisch oder Fleisch (ca. 150 g je Portion). Eiweiß- oder neutrale Gerichte lassen sich mit Kartoffeln, Naturreis oder Vollkornnudeln entsprechend erweitern.

Variationen, Tips und Hinweise
Bei vielen Rezepten finden Sie bereits Ideen zum Austausch einiger Zutaten. Unter den Rubriken „Tip" und „Hinweis" finden Sie viele nützliche Anmerkungen, z. B. zu Warenkunde oder Küchentechnik, zu Kombinationsmöglichkeiten verschiedener Gerichte oder zur Gästeküche.

Beilagentips
Unter dieser Rubrik werden zum jeweiligen Gericht passende Beilagen empfohlen. Bei allen Empfehlungen handelt es sich um Rezepte aus diesem Buch.

Tips zur Gästebewirtung
Im Kapitel „Gerichte für Gäste" stecken viele Ideen zu passenden Vorspeisen, Beilagen, Saucen, Desserts und auch Getränken.

Tips zum Backen mit Vollkornmehl
Wenn Sie keine Getreidemühle besitzen, lassen Sie das Getreide im Reformhaus oder Bioladen stets frisch mahlen. Das Mehl sollte möglichst innerhalb der nächsten 3 Stunden nach dem Mahlen verarbeitet werden, damit wertvolle Vitamine nicht verlorengehen.

Hinweise zu einigen Lebensmitteln

Frutilose
Es handelt sich hierbei um einen schonend eingedickten Obstdicksaft aus dem Reformhaus. Er zählt zur Gruppe der Kohlenhydrate, kann allerdings in kleinen Mengen auch zum Süßen von Eiweiß- oder von neutralen Gerichten verwendet werden.

Molkosan
Das vergorene Molkekonzentrat wird mit Wasser verdünnt im speziellen als Essigersatz und im allgemeinen zum säuerlichen Abschmecken von Speisen verwendet.

Pflanzliche Bindemittel
Bindemittel (z. B. Biobin und Nestargel), die meist aus Johannisbrotkernmehl hergestellt werden, sind geschmacksneutral und haben wenig Kalorien. Sie erhalten sie im Reformhaus. Das Pulver stets sparsam verwenden, da es bereits in geringen Mengen zu einer Bindung der Speisen führt. Beachten Sie unbedingt die Dosierungs- und Handhabungsangaben der Hersteller.

Weinsteinbackpulver
Es enthält im Gegensatz zu herkömmlichem Backpulver kein Phosphat. Was seine Verwendung und Triebfähigkeit betrifft, ist es im Vergleich zu herkömmlichem Backpulver als gleichwertig anzusehen.

Meer- und Kräutersalz
Beide sind herkömmlichem Haushaltssalz vorzuziehen. Meersalz enthält wertvolle Vitamine und Mineralstoffe. Kräutersalz hat nur einen reinen Kochsalzgehalt von etwa 84%.

Rein vegetarische Gemüsebrühe
Das Instantpulver bietet sich als Streuwürze bestens an. Außerdem können Sie daraus eine prima Suppen- oder Saucengrundlage herstellen. Reine Gemüsebrühe wird nur aus pflanzlichen Zutaten hergestellt, ist cholesterin- und glutenfrei und enthält keine gehärteten Fette.

Öle
Empfehlenswert sind naturbelassene, unraffinierte Produkte, die reichlich mehrfach ungesättigte Fettsäuren enthalten. Oliven-, Sonnenblumen-, Distel-, Weizenkeim-, Leinsamen- und Maiskeimöl sind im Reformhaus in entsprechender Qualität erhältlich. Verwenden Sie zum Kochen möglichst Oliven- oder Sonnenblumenöl, denn beide sind relativ hitzestabil. Auf raffinierte Öle, wie z. B. ganz normales Salatöl, sollten Sie wenn möglich verzichten.

Fette
Butter, ungehärtetes Kokosfett oder andere ungehärtete Pflanzenfette, wie z. B. Margarine aus dem Reformhaus mit einem hohen Anteil an ungesättigten Fettsäuren, sind empfehlenswert. Ihrer Kalorien wegen sollten sie jedoch nur sparsam eingesetzt werden. Die oben aufgezählten Margarinesorten dürfen nicht zu stark erhitzt werden. Bitte bei deren Verwendung unbedingt die Herstellerangaben beachten.

Auf gehärtete Fette, wie z. B. auf herkömmliche Margarinesorten, feste, weiße Brat- oder Fritierfette, sollten Sie unbedingt verzichten.

Frische Kräuter
Sie spielen in den Rezepten eine ganz wesentliche geschmacksgebende Rolle. So kann meist auf Salz und immer auf Pfeffer verzichtet werden. Greifen Sie außerhalb der Saison auf auf das Tiefkühlangebot zurück.

Naturreis
Ungeschälter Reis enthält im Gegensatz zu poliertem Reis mehr Ballaststoffe, Vitamine und Mineralstoffe. In den Rezepten wird der Reis etwa acht Stunden oder über Nacht eingeweicht, um die Garzeit zu verkürzen. Sie können ihn auch ohne Einweichen als Koch- oder Quellreis zubereiten. Dann beträgt die Garzeit je nach Sorte 30 bis 45 Minuten.

Eier
Verwenden Sie nur Eier von freilaufenden Legehennen. Sie sollten stets frisch verarbeitet werden, um eine mögliche Salmonellenbelastung auszuschließen.

Abkürzungen

TL	=	Teelöffel
EL	=	Eßlöffel
g	=	Gramm (1000 g = 1 kg)
kg	=	Kilogramm
ml	=	Milliliter
l	=	Liter
Msp.	=	Messerspitze
kcal	=	Kilokalorien
kJ	=	Kilojoule
cm	=	Zentimeter
geh.	=	gehäufter
max.	=	maximal
mind.	=	mindestens
°C	=	Grad Celsius
TK-...	=	Tiefkühl-...
Fett i. Tr.	=	Fett in der Trockenmasse

Raffinierte Rezeptideen

Wie ich Ihnen bereits im Einleitungsteil des Buches versprochen habe, hält der nachfolgende Rezeptteil eine Fülle attraktiver Trennkostrezepte für Sie bereit. Sie werden schnell feststellen, daß trennkostgerechtes Kochen ganz einfach ist und daß die Gerichte jedem Geschmack gerecht werden. Angefangen von Rezepten für Frühstück, Abendessen und Zwischenmahlzeiten finden Sie hier auch Vorschläge für Vorspeisen und Desserts sowie für kohlenhydrat- und eiweißreiche Hauptgerichte. Das besondere Extra: ein Kapitel für die Gästebewirtung. Neben Fondue- und Raclette-rezepten beinhaltet es auch Ideen für Canapés. Überraschen Sie Ihre Gäste doch einmal mit einem dieser Trennkostmenüs – ein Lob wird Ihnen sicher sein!

Der Rezeptteil ermöglicht es Ihnen, die einzelnen Gerichte immer wieder neu zu kombinieren. Einen Einblick in die Vielfalt der Möglichkeiten hat Ihnen ja schon der Wochenplan auf den Seiten 50 und 51 gegeben.

Harmonie ist bei der Trennkost sehr wichtig, auch beim Essen selbst. Genießen Sie Ihre Mahlzeiten daher in Ruhe, und spüren Sie die wohltuende Wirkung auf Ihren Körper. Vermeiden Sie während des Essens jegliche Unterbrechung. Heiße Diskussionen, das Lesen der Tageszeitung und wichtige Telefonate sollten daher auf einen späteren Zeitpunkt verschoben werden.

Frühstück, Abendessen & Zwischenmahlzeiten

Dinkelmüsli

Zubereitungszeit:
ca. 35 Minuten
Quellzeit:
ca. 8 Stunden (am besten über Nacht)

Für 2 Personen

100 g Dinkelkörner
300 g Sahnejoghurt
ca. 3 EL Ahornsirup
1 Banane
2 EL ungeschwefelte Rosinen

1. Den Dinkel in einen Topf geben, knapp mit Wasser bedecken und für etwa 8 Stunden (am besten über Nacht) quellen lassen.
2. Am nächsten Morgen den Dinkel bei geringer Hitze im geschlossenen Topf in etwa 25 Minuten garen, in ein Sieb geben und abkühlen lassen.
3. Den Joghurt cremig rühren, mit dem Sirup süßen und den Dinkel darunterrühren.
4. Die Banane schälen, in Scheiben schneiden, unter das Müsli geben und zuletzt alles mit den Rosinen bestreuen.

ca. 510 kcal • 2140 kJ

Variationen

- Statt der Rosinen können auch andere Sorten ungeschwefeltes Trockenobst, wie z. B. Feigen, Äpfel, Aprikosen oder Birnen, genommen werden. Das jeweilige Obst in kleine Würfel schneiden.
- Anstelle der Bananen einen mürben, süßen Apfel waschen, trockenreiben, grob raspeln und rasch unter das Müsli heben.

Apfelbrei mit Joghurt

Zubereitungszeit:
ca. 25 Minuten

Für 2 Personen

4–5 mürbe Äpfel (z. B. Cox Orange)
1 kleine Stange Zimt
2 EL Frutilose (Obstdicksaft aus dem Reformhaus)
200 g milder Joghurt (3,5% Fett)
1 EL Sonnenblumenkerne

1. Die Äpfel schälen, vierteln und die Kerngehäuse entfernen.
2. Die Apfelstücke zusammen mit etwa 150 ml Wasser in einen Topf geben. Die Zimtstange hinzufügen, alles aufkochen und etwa 10 Minuten köcheln lassen. Die Zimtstange herausnehmen.
3. Dann die Äpfel fein zerstampfen und mit dem Schneebesen locker aufschlagen. Das Kompott etwas abkühlen lassen und mit der Frutilose süßen.
4. Den Joghurt cremig rühren, in 2 Schüsselchen verteilen, den Apfelbrei daraufgeben und alles mit den Sonnenblumenkernen bestreuen.

ca. 290 kcal • 1220 kJ

Tip

Das Apfelkompott paßt solo sehr gut zu Pfannkuchen oder als Dessert nach einer Kohlenhydratmahlzeit.

Orangen mit Joghurtcreme

Zubereitungszeit:
ca. ¼ Stunde

Für 2 Personen

3 süße Orangen
3 EL ungeschwefelte Rosinen
300 g milder Joghurt (3,5% Fett)
2 EL Sonnenblumenkerne
3 EL Ahornsirup
4 Zitronenmelisseblättchen

1. Die Orangen schälen, von den weißen Häutchen befreien und quer in runde Scheiben schneiden.
2. Die Rosinen heiß abspülen und gut abtropfen lassen. Den Joghurt cremig rühren und Rosinen sowie Sonnenblumenkerne darunterrühren. Das Ganze mit dem Sirup süßen.
3. Die Orangenscheiben anrichten, die Joghurtcreme darübergießen und mit den Zitronenmelisseblättchen garnieren.
(auf dem Foto: oben)

ca. 415 kcal • 1735 kJ

Variation

Anstelle der Orangen können Sie andere exotische Obstsorten, wie z. B. 1 reife Mango, etwa 4 Kiwis, ½ Honigmelone oder 1 Pomelo (Zitrusfrucht; Kreuzung aus Pampelmuse und Grapefruit) verwenden. Das Obst entsprechend schälen und in Scheiben oder Spalten schneiden. Geben Sie den Joghurt kurz vor dem Verzehren auf die Früchte, da das Ganze (z. B. bei Kiwis) sonst bitter wird.

Kefir-Beeren-Speise

Zubereitungszeit:
ca. 20 Minuten

Für 2 Personen

250 g frische Erdbeeren
je 125 g frische Himbeeren und rote Johannisbeeren
300 g Kefir (3,5% Fett)
4 EL Frutilose (Obstdicksaft aus dem Reformhaus)
3 EL Sonnenblumenkerne
2 EL gehackte Mandeln
1 EL frisch gehackte Zitronenmelisse

1. Die Beeren verlesen, putzen, waschen, gut abtropfen lassen und in 2 Dessertschüsselchen geben. Die Erdbeeren zuvor halbieren oder vierteln.
2. Den Kefir mit der Frutilose süßen und über die Beeren gießen.
3. Die Kefirspeise mit den Sonnenblumenkernen, den Mandeln sowie der Melisse bestreuen.
(auf dem Foto: unten)

ca. 460 kcal • 1925 kJ

Variationen

- Nehmen Sie statt Kefir mal die gleiche Menge Vollmilchjoghurt, Sahnedickmilch oder eine Buttermilch mit Butterflocken (max. 1% Fett).
- Je nach Saison bietet sich auch anderes Beerenobst, wie z. B. Stachelbeeren, Brombeeren oder Heidelbeeren, an.

Brot mit Gemüsefrischkäse

Zubereitungszeit:
ca. ¼ Stunde

Für 2 Personen

6 Radieschen
1 kleine, grüne Paprikaschote
200 g körniger Frischkäse
2 Scheiben Vollkornbrot
2 vollreife Tomaten
6 Blättchen Basilikum

1. Die Radieschen und die Paprikaschote putzen, waschen, trockenreiben und klein würfeln.
2. Die Gemüsewürfel unter den Käse mischen und die Brote damit bestreichen.
3. Die Tomaten waschen, trockenreiben und halbieren, die Stengelansätze entfernen und die Früchte in Spalten schneiden. Diese zusammen mit den Broten anrichten und alles mit dem Basilikum garnieren.
(auf dem Foto oben)

ca. 250 kcal • 1050 kJ

Variation

Wenn Sie mögen, können Sie eine Gemüsesorte gegen 1 Möhre, 1 Stück Salatgurke oder Rettich austauschen und zusätzlich 1 Eßlöffel blanchierte Sprossen oder Keime unter den Käse rühren.

Saftiges Käsebrot

Zubereitungszeit:
ca. ¼ Stunde

Für 2 Personen

1 kleiner, mürber Apfel (z. B. Cox Orange)
4 Blätter Lollo Rosso
2 Scheiben Vollkornbrot
4 TL saure Sahne
80 g Blauschimmelkäse (mind. 60 % Fett i. Tr.), z. B. Cambozola oder Bavaria blue
4 Walnußhälften
2 EL Schnittlauchröllchen

1. Den Apfel waschen, trockenreiben, vierteln, das Kerngehäuse herausschneiden und die Apfelviertel in dünne Spalten schneiden.
2. Die Salatblätter putzen, von festen Blattrippen befreien, waschen und trockenschleudern.
3. Die Brote mit der Sahne bestreichen und zuerst mit den Salatblättern, dann mit den Apfelspalten und mit dem Käse belegen.
4. Die Brote mit den Nußhälften und dem Schnittlauch garnieren.
(auf dem Foto unten)

ca. 345 kcal • 1445 kJ

Variation

Statt Blauschimmelkäse können Sie auch Rahmcamembert oder Rahmbrie (mind. 60 % Fett i. Tr.) verwenden.

Vesperbrot „Griechische Art“

Zubereitungszeit:
ca. ¼ Stunde

Für 2 Personen

100 g Schafskäse, in Lake eingelegt
1 reife Avocado
1 gepreßte Knoblauchzehe nach Belieben
4 Scheiben Vollkornbrot
1–2 TL edelsüßes Paprikapulver
8 entkernte schwarze Oliven
2 EL frisch gehackten Oregano

1. Den Käse mit einer Gabel fein zerbröseln. Die Avocado halbieren, den Kern herauslösen und das Fruchtfleisch mit einem Löffel herauslösen.
2. Das Avocadofleisch mit einer Gabel fein zerdrücken und den Schafskäse darunterrühren. Mit dem Knoblauch abschmecken.
3. Das Avocado-Käse-Püree auf den Broten verstreichen und alles mit dem Paprikapulver bestreuen.
4. Die Oliven in kleine Würfel schneiden, auf den Broten verteilen und das Ganze mit dem Oregano garnieren.
(auf dem Foto: links)

ca. 570 kcal • 2385 kJ

Tip

Wenn Sie dazu einen neutralen Salat (S. 86/87) wählen, erhalten Sie eine kohlenhydratreiche Hauptmahlzeit.

Joghurt „Vital“

Zubereitungszeit:
ca. 10 Minuten

Für 2 Personen

ca. 14 Radieschen
350 g Joghurt (3,5 % Fett)
etwas Meersalz
2 Petersilienzweige

1. Die Radieschen putzen, waschen, trockenreiben, fein raspeln und zusammen mit dem Joghurt mischen.
2. Das Ganze mit Salz abschmecken und mit der Petersilie garnieren.
(auf dem Foto: Mitte)

ca. 135 kcal • 570 kJ

Tip

Wenn Sie den Joghurt „Vital“ als Brotaufstrich verwenden, erhalten Sie eine Kohlenhydratmahlzeit.

Erdbeershake

Zubereitungszeit:
ca. 10 Minuten

Für 2 Personen

150 g frische, reife Erdbeeren, ersatzweise TK-Beeren
350 ml Buttermilch
2 EL Frutilose (Obstdicksaft aus dem Reformhaus)
einige Minzeblättchen

1. Die Erdbeeren putzen, waschen, trockentupfen, zusammen mit der Buttermilch sowie der Frutilose in einen Mixbecher geben und dann alles im Mixer pürieren.
2. Den Erdbeershake in 2 hohe Gläser füllen und mit den Minzblättchen garnieren.
(auf dem Foto: rechts)

ca. 150 kcal • 625 kJ

Mozzarellabrot

Zubereitungszeit:
ca. 10 Minuten

Für 2 Personen

80 g Mozzarella
2 TL kaltgepreßtes Olivenöl
6 Kirschtomaten
1 Frühlingszwiebel
2 Scheiben Vollkornbrot
3–4 TL Butter
ca. ½ TL Kräutersalz
4 Basilikumblättchen

1. Den Käse in etwa ½ cm dicke Scheiben schneiden und mit dem Olivenöl beträufeln.
2. Die Tomaten waschen, trockenreiben und halbieren. Die Frühlingszwiebel putzen, waschen, trockentupfen und in schmale Ringe schneiden.
3. Das Brot mit der Butter bestreichen, mit dem Käse belegen und alles mit dem Kräutersalz leicht würzen. Das Ganze mit den Tomaten sowie den Zwiebelringen anrichten und mit dem Basilikum garnieren.
(auf dem Foto oben)

ca. 355 kcal • 1490 kJ

Variation
Wenn Sie es etwas herzhafter mögen, ersetzen Sie den Mozzarella durch reinen Schafs- oder Ziegenkäse.

Knäckebrotsnack

Zubereitungszeit:
ca. 20 Minuten

Für 2 Personen

150 g Austernpilze
4 TL Butter
ca. ½ TL Kräutersalz
1 kleines Stück Salatgurke (ca. 5 cm lang)
8 Kirschtomaten
4 Scheiben Vollkornknäckebrot
8 Scheiben Mozzarella
ca. 12 Blättchen Basilikum

1. Die Pilze putzen, waschen, trockentupfen und in breite Streifen schneiden. Die Butter in einer Pfanne erhitzen und die Pilze darin einige Minuten dünsten, dann mit dem Salz leicht würzen.
2. Die Salatgurke schälen und in etwa 24 dünne Scheiben schneiden. Die Tomaten waschen und halbieren. Alle vorbereiteten Zutaten auf den Knäckebroten anrichten. Je 2 Scheiben Mozzarella auf 1 Brotscheibe legen und das Ganze mit dem Basilikum garnieren.
(auf dem Foto unten)

ca. 375 kcal • 1570 kJ

Variation
Wenn Sie es etwas kräftiger mögen, verwenden Sie statt des Mozzarella reinen Schafs- oder Ziegenkäse.

Überbackenes Spargelbrot

Zubereitungszeit:
ca. 45 Minuten

Für 2 Personen

500 g frischer weißer Spargel
1 TL Meersalz
1 TL Frutilose (Obstdicksaft aus dem Reformhaus)
1 TL Butter
4 Scheiben Vollkorntoast
3 TL Knoblauchbutter (Rezept S. 78)
4 Scheiben (ca. 120 g) Butterkäse (mind. 60 % Fett i. Tr.)

1. Den Spargel dünn schälen und die Enden etwa 1 cm lang abschneiden. Die Spargelstangen halbieren und in reichlich kochendem Salzwasser zusammen mit der Frutilose und der Butter etwa 20 Minuten garen.
2. Den Backofen auf 200 °C vorheizen. In der Zwischenzeit die Brotscheiben goldbraun toasten und anschließend mit der Knoblauchbutter recht dünn bestreichen.
3. Den Spargel abtropfen lassen, auf den Broten verteilen und den Käse darüberlegen. Das Ganze auf ein mit Backpapier belegtes Backblech setzen und im Ofen so lange überbacken (etwa 5 Minuten), bis der Käse geschmolzen ist.
(auf dem Foto oben)

ca. 510 kcal • 2125 kJ

Tip

Wenn Sie mal für Gäste kochen, bietet der feine Spargeltoast eine prima Vorspeise oder ein ideales Zwischengericht.

Toastbrötchen „Key West"

Zubereitungszeit:
ca. ¼ Stunde

Für 2 Personen

150 g Doppelrahmfrischkäse
5 EL Joghurt (3,5 % Fett)
80 g Räucherlachs in Scheiben
2 Vollkornbrötchen
4 kleine Dillzweige

1. Den Käse zusammen mit dem Joghurt cremig rühren. Den Lachs in feine Streifen schneiden und unter die Käsemasse heben.
2. Die Brötchen aufschneiden, die Schnittflächen toasten, mit der Lachscreme bestreichen und mit den Dillzweigen garnieren.
(auf dem Foto unten)

ca. 545 kcal • 2280 kJ

Variation

Nehmen Sie für die Creme mal 100 g geräuchertes Forellenfilet. Dieses mit einer Gabel fein zerpflücken und unter die Käsemasse heben.

Überbackenes Käsebrötchen

Zubereitungszeit:
ca. 20 Minuten

Für 2 Personen

2 Vollkornbrötchen
4 TL Butter
1 rote Paprikaschote
12 entsteinte Oliven
1–2 TL frisch gehackter Oregano, ersatzweise 1 TL getrockneter Oregano
80 g Wörishofener Käse in Scheiben (60 % Fett i. Tr.)

1. Den Backofen auf 200 °C vorheizen. Die Brötchen halbieren und alle Hälften mit der Butter bestreichen.
2. Die Paprikaschote putzen, entkernen, waschen, trockenreiben, vierteln und in sehr feine Streifen schneiden. Die Oliven in Scheiben schneiden.
3. Etwa die Hälfte der Paprikastreifen zusammen mit den Oliven auf den Brötchenhälften verteilen und das Ganze mit dem Oregano bestreuen.
4. Die Brötchen mit dem Käse belegen, auf ein Backblech setzen, etwa 10 Minuten im Ofen überbacken, herausnehmen und mit den restlichen Paprikastreifen garnieren.
(auf dem Foto: links)

ca. 440 kcal • 1840 kJ

Pellkartoffeln mit Lachscreme

Zubereitungszeit:
ca. ½ Stunde

Für 2 Personen

400 g kleine festkochende Kartoffeln
100 g Räucherlachs
175 g Sahnedickmilch
100 g saure Sahne
1 Salatgurke
evtl. ½ TL edelsüßes Paprikapulver
4 kleine Dillzweige

1. Die Kartoffeln gründlich waschen, als Pellkartoffeln in reichlich Wasser 18 bis 20 Minuten garen, dann abgießen und warm halten.
2. Während die Kartoffeln kochen, den Lachs in sehr feine Würfel schneiden oder mit einem Schneidstab pürieren.
3. Die Dickmilch zusammen mit der Sahne cremig rühren und den Lachs darunterziehen.
4. Die Salatgurke schälen und in etwa 1 cm dicke Scheiben schneiden. Die Gurkenscheiben zusammen mit den Kartoffeln und der Lachscreme auf Tellern anrichten.
5. Die Creme evtl. mit Paprikapulver bestäuben und mit dem Dill garnieren.
(auf dem Foto: rechts)

ca. 485 kcal • 2030 kJ

Käserührei

Zubereitungszeit:
ca. ¼ Stunde

Für 2 Personen

1 Stück Salatgurke (etwa 15 cm lang)
3 frische Eier
4 EL Mineralwasser
2 EL süße Sahne
½ TL Meersalz
60 g geriebener Gouda (max. 50% Fett i. Tr.)
1 EL Butter
1 Kästchen Gartenkresse

1. Die Gurke schälen, halbieren, entkernen und grob raspeln.
2. Die Eier zusammen mit dem Mineralwasser, der Sahne und dem Salz zu einer schaumigen Masse aufschlagen. Den Käse zur Eimasse geben.
3. Die Butter in einer Pfanne erhitzen, die Eimasse hineingeben und stocken lassen. Das Ganze erst nach etwa 3 Minuten umrühren, dabei mit einem Holzlöffel vom Rand her große Schollen zur Mitte schieben.
4. Inzwischen die Kresse abschneiden, abspülen und trockentupfen. Das Rührei mit den Gurkenraspeln garnieren und die Kresse darüberstreuen.
(auf dem Foto oben)

ca. 215 kcal • 900 kJ

Beilagentip

Dazu passen frische Tomatenachtel und schwarze Oliven sowie ab und zu ein kleines Stück Corned beef.

Gebratenes Weißkraut

Zubereitungszeit:
ca. ¼ Stunde

Für 2 Personen

½ mittelgroßer Kopf Weißkohl (ca. 500 g)
2 EL Butter
etwas Kräutersalz nach Belieben
Kümmelpulver nach Belieben

1. Vom Weißkohl die äußeren Blätter und den Strunk entfernen, den Kopf nochmals halbieren und ihn auf einer Rohkostreibe mittelfein raspeln. Den Kohl kalt abbrausen und abtropfen lassen.
2. Die Butter in einem Topf schmelzen lassen und das geraspelte Kraut unter Rühren etwa 5 Minuten braten.
(auf dem Foto unten)

ca. 125 kcal • 525 kJ

Tip

Dieses schnelle Gericht paßt zu einem Butterbrot. Dann erhalten Sie ein kohlenhydratreiches Abendessen.

Marlenes Rosettenkuchen

Zubereitungszeit:
ca. 1½ Stunden

Für 12–16 Stücke

Für den Teig:
500 g feines Dinkel- oder Weizenvollkornmehl
1 Päckchen Weinsteinbackpulver
125 g kalte Butter, in Flöckchen
1 Prise Meersalz
1 frisches Eigelb
1 EL abgeriebene Schale einer unbehandelten Zitrone
250 g Quark (20% Fett i. Tr.)
125 g flüssiger Honig

Für die Füllung:
125 g ungeschwefelte Rosinen
3 mürbe, süße Äpfel
100 g gehackte Mandeln
2 TL Zimtpulver
50 g Honig

Für den Guß:
je 50 g Butter, Honig und süße Sahne
3 EL Kokosraspeln

Außerdem:
etwas weiche Butter für die Form

1. Das Mehl durchsieben und die Kleie beiseite stellen. Mehl und Backpulver mischen und alles auf eine Arbeitsfläche geben. In die Mitte eine Vertiefung drücken und die Butterflöckchen hineingeben.
2. Salz, Eigelb sowie Zitronenschale hinzufügen und alles mit etwa einem Drittel des Mehls zu einem geschmeidigen Vorteig verarbeiten. Den Backofen auf 175 °C vorheizen.
3. Nun den Quark und den Honig hinzufügen und alles gut miteinander verkneten. Die Kleie auf die Arbeitsfläche streuen und den Teig darauf zu einem Rechteck (etwa 35 x 45 cm) ausrollen.
4. Die Rosinen heiß abspülen und gut abtropfen lassen. Die Äpfel schälen, vierteln, entkernen und in schmale Spalten schneiden. Rosinen, Mandeln, Zimt und Honig mit den Spalten mischen.
5. Die Apfelfüllung auf dem Teig verteilen. Den Teig von der längeren Seite her fest zusammenrollen und die Rolle in 9 gleich große Scheiben schneiden. Diese nebeneinander in eine gefettete Springform (26 cm ø) setzen.
6. Für den Guß die Butter erwärmen, Honig und Sahne hinzufügen und alles mit einem Schneebesen zu einer schaumigen Creme aufschlagen.
7. Den Guß gleichmäßig auf dem Kuchen verteilen und diesen auf der mittleren Schiene etwa ¾ Stunden backen. Ihn anschließend abkühlen lassen, aus der Form nehmen und mit den Kokosraspeln bestreuen.

ca. 420 kcal • 1760 kJ

Tip

Legen Sie die Springform mit Backpapier aus. Das „spart Kalorien", da Sie auf das Ausfetten der Form verzichten können. Außerdem tropft keine Flüssigkeit heraus. Ihr Ofen bleibt also sauber.

Streuselplätzchen

Zubereitungszeit:
ca. 1 Stunde

Für ca. 40 Stück

Für den Teig:
250 g feines Dinkelvollkornmehl
2 TL Weinsteinbackpulver
100 g gemahlene Haselnüsse
125 g kalte Butter, in Stückchen
80 g flüssigen Honig

Für die Füllung:
200 g ungeschwefelte, getrocknete Pflaumen
2 TL Zimtpulver
1 EL frisch geriebener Ingwer
1 EL abgeriebene Schale einer unbehandelten Zitrone

Für die Streusel:
200 g feines Dinkelvollkornmehl
80 g kalte Butter
80 g Honig

Außerdem:
etwas weiche Butter für das Blech

1. Das Mehl für den Teig zusammen mit dem Backpulver mischen und alles auf eine Arbeitsfläche geben. In die Mitte eine Vertiefung drücken.
2. Nüsse, Butterstückchen und Honig in die Mulde geben und alles zu einem geschmeidigen Teig verarbeiten. Den Backofen auf etwa 175 °C vorheizen.
3. Den Teig auf einer bemehlten Fläche etwa ½ cm dick ausrollen. Mit einer runden Form oder einem Glas (etwa 6 cm ø) Plätzchen ausstechen und diese auf ein gefettetes Backblech setzen.
4. Die Pflaumen sehr fein würfeln oder durch einen Fleischwolf drehen und zusammen mit Zimt, Ingwer und Zitronenschale vermischen. Die Masse dünn auf die Plätzchen streichen.
5. Für die Streusel das Mehl zusammen mit der Butter und dem Honig gut verkneten. Den Teig gleichmäßig auf die Plätzchen krümeln und leicht andrücken.
6. Die Plätzchen auf der mittleren Schiene 12 bis 15 Minuten backen.

ca. 125 kcal • 525 kJ

Tip

Vollkornteig läßt sich besser ausrollen, wenn man ihn zwischen 2 Stück Klarsichtfolie legt. Er reißt dann nicht so schnell und kann nicht am Nudelholz hängenbleiben.

Müslihäufchen

Zubereitungszeit:
ca. ½ Stunde

Für ca. 40 Stück

2 frische Eigelb
2 EL kaltgepreßtes Sonnenblumenöl
200 g Honig
100 g kernige Haferflocken
50 g ungeschälte Sesamsamen
100 g Kokosflocken

1. Die Eigelbe mit einem Schneebesen cremig aufschlagen, dann Öl und Honig darunterziehen. Den Backofen auf 180 °C vorheizen.
2. Haferflocken, Sesam und Kokosflocken dazugeben und alles zu einer zähen Masse verkneten.
3. Ein Backblech mit Backpapier belegen und mit feuchten Händen aus dem Teig etwa 40 Häufchen formen (ähnlich wie Makronen). Diese auf das Blech setzen und auf der mittleren Schiene 10 bis 12 Minuten goldbraun backen.
(auf dem Foto: links oben)

ca. 55 kcal • 230 kJ

Variation

Geben Sie zur Abwechslung mal einige kleingewürfelte Feigen unter die Haferflockenmasse.

Mandelecken

Zubereitungszeit:
ca. 50 Minuten

Für 40–48 Stück

Für den Teig:
200 g kernige Haferflocken
200 g feines Dinkelvollkornmehl
1 Päckchen Weinsteinbackpulver
125 g kalte Butter in Stückchen
80 g flüssiger Honig
1 frisches Eigelb
50 g süße Sahne

Für den Belag:
100 g Butter
5 EL süße Sahne
150 g Honig
200 g gehackte Mandeln

Außerdem:
Butter für das Blech

1. Die Haferflocken mit dem Mehl und dem Backpulver mischen. Den Ofen auf 180 °C vorheizen.
2. Butterstückchen, Honig, Eigelb, Sahne sowie etwa 5 EL Wasser hinzufügen und alles rasch zu einem geschmeidigen Teig verkneten. Diesen auf ein gefettetes Backblech geben und glattstreichen.
3. Für den Belag die Butter schmelzen lassen. Sahne, Honig und Mandeln hinzufügen. Alles unter Rühren kurz aufkochen lassen und die Masse sofort auf dem Teig verteilen.
4. Das Ganze auf der mittleren Schiene etwa 15 Minuten backen, herausnehmen, abkühlen lassen und je nach Backblechgröße in 40 bis 48 kleine Dreiecke schneiden.
(auf dem Foto: links unten)

ca. 135 kcal • 565 kJ

Trockenobst-Nuß-Schnitten

Zubereitungszeit:
ca. 45 Minuten

Für ca. 70 Stück

200 g ungeschwefelte Aprikosen
100 g ungeschwefelte Trockenpflaumen
200 g gehackte Mandeln oder Haselnüsse
100 g ungeschälte Sesamsamen
200 g kernige Haferflocken
100 g Butter
200 g flüssiger Honig
200 g süße Sahne
5 große, eckige Oblaten

1. Die Trockenfrüchte sehr klein würfeln oder durch einen Fleischwolf drehen und zusammen mit Mandeln oder Haselnüssen, Sesam und Haferflocken mischen. Den Backofen auf 175 °C vorheizen.
2. Die Butter in einem großen Topf schmelzen lassen, Honig und Sahne hinzufügen, alles kurz aufkochen lassen. Die Früchtemischung dazugeben und alles unter Rühren etwas einkochen lassen.
3. Ein Backblech (etwa 30 x 40 cm) mit Backpapier belegen und die Oblaten auf das Blech geben. Die Masse darauf verteilen.
4. Die Fruchtschnitten auf der mittleren Schiene etwa ¼ Stunde backen, herausnehmen, auskühlen lassen und in etwa 4 cm große Quadrate schneiden.
(auf dem Foto: rechts oben)

ca. 75 kcal • 315 kJ

Hinweis

Trockenobst ist eine gute Nahrungsquelle für Kalium.

Sesamtatzen

Zubereitungszeit:
ca. 35 Minuten

Für ca. 40 Stück

Für die Tatzen:
100 g ungeschwefelte Rosinen
6 EL Doppelkorn oder Wasser
125 g ungeschälte Sesamsamen
80 g gemahlene Haselnüsse
100 g weiche Butter
150 g flüssiger Honig
1 frisches Eigelb
180 g feines Dinkel- oder Weizenvollkornmehl
2 EL geriebener Ingwer

Außerdem:
Butter für das Blech

1. Die Rosinen abspülen, gut abtropfen lassen, mit dem Korn oder Wasser begießen und für kurze Zeit darin ziehen lassen.
2. Die Sesamkörner in einer trockenen, heißen Pfanne leicht rösten. Mit den Nüssen mischen. Ofen auf 180 °C vorheizen.
3. Die Butter mit dem Honig und dem Eigelb cremig rühren. Die Rosinen mit der Einweichflüssigkeit sowie der Nußmischung hinzufügen und unter Rühren das Mehl und den Ingwer daruntermischen.
4. Alles rasch zu einem geschmeidigen Teig verkneten und daraus walnußgroße Kugeln formen. Diese auf ein gefettetes Backblech setzen und mit einer großen Gabel zu flachen Tatzen drücken.
5. Das Gebäck auf der mittleren Schiene etwa ¼ Stunde backen.
(auf dem Foto: rechts unten)

ca. 100 kcal • 420 kJ

Vorspeisen
&
Desserts

Tomaten mit Champignon-Käse-Füllung

Zubereitungszeit:
ca. 55 Minuten

Für 2 Personen

4 große Tomaten
100 g frische Champignons
1 Zwiebel
1–2 Knoblauchzehen nach Belieben
1 EL Butter
100 g süße Sahne
100 g geriebener Parmesan
6 Blättchen fein gehacktes Basilikum
1 EL Kräuter der Provence (Trockenkräuter)
etwas Meersalz

1. Die Tomaten waschen, trockenreiben, jeweils oben einen Deckel abschneiden und das Fruchtfleisch vorsichtig mit einem Teelöffel herauslösen und beiseite stellen.
2. Die Pilze putzen, waschen, trockentupfen und fein würfeln. Zwiebel und Knoblauch schälen und beides fein hacken. Den Backofen auf 180 °C vorheizen.
3. Pilz-, Zwiebel- und Knoblauchwürfel in der Butter dünsten. Alles etwas abkühlen lassen, dann Sahne, Käse, Basilikum und Kräuter darunterrühren. Die Tomaten damit füllen und einen Rest beiseite stellen.
4. Das Tomatenfruchtfleisch mit dem Pürierstab zerkleinern und in eine flache Auflaufform geben. Die restliche Füllung darunterheben und alles mit Salz nachwürzen.
5. Die Tomaten in die Sauce geben, die Deckel daraufsetzen und das Ganze auf der mittleren Schiene etwa 25 Minuten garen.

ca. 435 kcal • 1820 kJ

Tips

- Die gefüllten Tomaten eignen sich gut als Vorspeise zu einem „Eiweißmenü“.
- Zusammen mit einer neutralen Rohkost oder einem neutralen Salat ergeben sie aber auch ein prima Hauptgericht.

Fenchelgemüse „italienisch“

Zubereitungszeit:
ca. 1½ Stunden

Für 2 Personen

2 Fenchelknollen (ca. 400 g)
100 g sehr kleine, frische Champignons
1 Gemüsezwiebel
1 rote Paprikaschote
½ TL Meersalz
500 g reife Tomaten, vorzugsweise Eiertomaten
1 Knoblauchzehe
1 kleine, rote, frische Chilischote
je 1 TL fein gehackter Thymian und Majoran
2 TL fein gehackter Oregano
60 g frisch geriebener Parmesankäse

1. Den Fenchel putzen, waschen, trockentupfen, längs halbieren und quer in dünne Streifen schneiden. Das Grün beiseite legen. Die Champignons putzen, waschen und trockenreiben.

2. Die Zwiebel schälen, halbieren und in etwa ½ cm dicke Scheiben schneiden. Die Paprikaschote waschen, trockenreiben, halbieren, entkernen und grob würfeln. Das vorbereitete Gemüse miteinander mischen, salzen und in eine ausreichend große Auflaufform geben.

3. Die Tomaten kreuzweise einritzen, kurz in kochendem Wasser überbrühen, enthäuten, von den Stielansätzen befreien und vierteln. Den Knoblauch schälen und anschließend grob hacken. Die Chilischote waschen, trockentupfen, aufschlitzen und sorgfältig entkernen.

4. Den Backofen auf 180 °C vorheizen. Tomaten, Knoblauch und Chilischote vermischen und alles mit einem Schneidstab pürieren. Die Masse mit den Kräutern abschmecken.

5. Das Tomatenpüree über das Fenchelgemüse geben. Die Form mit Alufolie verschließen und das Ganze im Ofen etwa 35 Minuten schmoren lassen.

6. Anschließend die Folie entfernen, das Gemüse umrühren, den Käse darüberstreuen und alles weitere 15 bis 20 Minuten überbacken. Das Fenchelgrün fein hacken und über das fertige Gemüse streuen.

ca. 335 kcal • 1400 kJ

Gefüllte Käseküchlein

Zubereitungszeit:
ca. 1 Stunde

Für ca. 15 Stück

Für den Teig:
125 g Quark
(20 % Fett i. Tr.)
1 frisches Eigelb
50 g fein gemahlene Hirse
90 g feines Dinkelvollkornmehl
½ TL Meersalz
1 TL gerebelter Oregano
½ Bund Blattpetersilie

Für die Füllung:
ca. 60 g reifer Camembert (mind. 60 % Fett i. Tr.)
ca. 60 g Doppelrahmfrischkäse
3 Radieschen
1½ EL Schnittlauchröllchen

Außerdem:
etwas weiche Butter für das Blech
1 kleines, frisches Eigelb
1–2 EL süße Sahne
1–2 EL Kümmelsamen

1. Den Quark zusammen mit dem Eigelb verrühren und nach und nach Dinkelvollkornmehl und die gemahlene Hirse hinzufügen. Den Teig mit Salz und Oregano würzen.
2. Den Backofen auf 180 °C vorheizen. Die Petersilie waschen, trockentupfen, fein hacken und unter den Teig kneten.
3. Aus dem Teig etwa 15 kleine Kugeln formen, diese leicht flachdrücken und auf ein gefettetes Backblech setzen.
4. Das Eigelb zusammen mit der Sahne verquirlen und die Küchlein damit bestreichen. Sie nach Belieben mit dem Kümmel bestreuen und auf der mittleren Schiene etwa ¼ Stunde backen.
5. Inzwischen den Camembert mit der Gabel zerdrücken und den Frischkäse darunterrühren. Die Radieschen putzen, waschen, trockenreiben, in feine Würfel schneiden und zusammen mit dem Schnittlauch zur Käsecreme geben.
6. Die Küchlein aus dem Ofen nehmen, etwas auskühlen lassen, halbieren, mit der Käsemasse bestreichen und dann wieder zusammensetzen.
(auf dem Foto: oben)

ca. 95 kcal • 395 kJ

Tip

Die Käseküchlein bieten sich auch prima als Partysnack an. Vervielfachen Sie die Zutatenmengen einfach entsprechend.

Zucchinigemüse „Sardische Art"

Zubereitungszeit:
ca. 20 Minuten

Für 2 Personen

2 feste Zucchini (ca. 400 g)
1 große Zwiebel
1½ EL kaltgepreßtes Olivenöl
100 g aufgetaute TK-Maiskörner
2 EL Zitronensaft
etwas Meersalz
1–2 EL frische Oreganoblättchen

1. Die Zucchini putzen, waschen, trockenreiben und zunächst der Länge nach in etwa 1 cm dicke Scheiben, dann quer in fingerdicke Stifte schneiden. Die Zwiebel schälen und würfeln.
2. Das Öl in einer Pfanne erhitzen und zunächst die Zwiebel darin anbraten. Die Zucchini dazugeben und beides unter Wenden so lange braten, bis das Gemüse leicht braun ist.
3. Das Gemüse etwas abkühlen lassen und den Mais hinzufügen. Alles mit dem Zitronensaft beträufeln, mit Salz abschmecken und den Oregano darüberstreuen.
(auf dem Foto: unten)

ca. 160 kcal • 670 kJ

Tip

Das Zucchinigemüse gibt auch eine prima Beilage zu einem Eiweißgericht.

Maiskolben mit Knoblauchbutter

Zubereitungszeit:
ca. 35 Minuten

Für 4 Personen

Für den Mais:
4 frische Maiskolben
etwas Jodsalz

Für die Butter:
125 g sehr weiche Butter
2 durchgepreßte Knoblauchzehen
6 EL fein gehackte Kräuter (z. B. Petersilie, Dill, Kerbel, Majoran und Zitronenmelisse)
etwas Jodsalz

1. Die Maiskolben putzen, waschen, in eine Kasserolle legen, mit kochendem Salzwasser bedecken und zugedeckt etwa ¼ Stunde köcheln lassen.
2. In der Zwischenzeit die Butter cremig rühren. Knoblauch und Kräuter darunterziehen. Das Ganze mit Salz abschmecken.
3. Die Kolben abtropfen lassen, auf einer Platte anrichten und mit der Knoblauchbutter bestreichen.

ca. 480 kcal • 2010 kJ

Tips

■ Die neutrale Knoblauchbutter paßt zu vielen gekochten oder gedämpften Gemüsen sowie zu Kurzgebratenem oder Gegrilltem. Sie eignet sich auch als Brotaufstrich.
■ Wenn Sie den Knoblauch in der Knoblauchbutter weglassen, erhalten Sie eine feine Kräuterbutter.

Spinat „Nancy"

Zubereitungszeit:
ca. 35 Minuten
Zeit zum Durchziehen:
ca. 1 Stunde

Für 2 Personen

400 g frischer, junger Blattspinat
1 Zwiebel
1–2 Knoblauchzehen
60 g frische Champignons
1 EL kaltgepreßtes Olivenöl
120 g Schafskäse, in Lake eingelegt
150 g Joghurt (3,5 % Fett)

1. Den Spinat verlesen, putzen, gut waschen, kurz in kochendem Wasser blanchieren, abtropfen lassen und grob zerschneiden.
2. Die Zwiebel und den Knoblauch schälen und fein würfeln. Die Champignons putzen, waschen, trockentupfen und fein hacken.
3. Das Öl in einer Pfanne nicht zu stark erhitzen und Zwiebel- sowie die Pilzwürfel einige Minuten darin schmoren lassen. Dann Knoblauch und Spinat darunterrühren. Eventuell ausgetretene Flüssigkeit abgießen.
4. Den Schafskäse mit der Gabel fein zerdrücken und zusammen mit dem Joghurt cremig rühren. Das Ganze unter den Spinat mischen, alles in eine Schüssel geben und etwa 1 Stunde durchziehen lassen.

ca. 305 kcal • 1275 kJ

Tips

- Dazu paßt getoastetes Vollkornbrot.
- Der Spinat eignet sich als Vorspeise oder als Gemüsebeilage.

Gurkensuppe

Zubereitungszeit:
ca. ½ Stunde

Für 2 Personen

1 kleine Salatgurke
1 kleine Zwiebel
2 TL Butter
300 ml vegetarische Gemüsebrühe (aus Instantpulver zubereitet)
1 durchgepreßte Knoblauchzehe
4 EL süße Sahne
1 kleines Bund gehackter Dill

1. Die Gurke schälen, der Länge nach vierteln und die Kerne mit einem Löffel sorgfältig abkratzen. Dann die Gurkenviertel in grobe Stücke schneiden.
2. Die Zwiebel schälen und fein würfeln. Die Butter erhitzen und die Zwiebel darin glasig dünsten.
3. Die Gurkenwürfel hinzufügen, kurz mit anschmoren und alles mit der Brühe ablöschen. Das Ganze zugedeckt etwa ¼ Stunde köcheln lassen.
4. Den Knoblauch dazugeben. Die Suppe mit einem Schneidstab pürieren, mit der Sahne verfeinern und mit dem Dill bestreuen.

ca. 165 kcal • 690 kJ

Tip

Wenn Sie die Suppe mit Croûtons (geröstete Vollkorntoastwürfelchen) servieren, erhalten Sie ein Kohlenhydratgericht.

Klare Gemüsesuppe

Zubereitungszeit:
ca. 25 Minuten

Für 2 Personen

1 Bund Suppengrün
1 EL kaltgepreßtes Sonnenblumenöl
½ l vegetarische Gemüsebrühe (aus Instantpulver zubereitet)
2 EL fein gehackte Blattpetersilie

1. Das Suppengrün putzen, waschen, kleinwürfeln.
2. Das Öl in einem Topf nicht zu stark erhitzen und die Gemüsewürfel darin unter Rühren einige Minuten schmoren lassen.
3. Das Ganze mit der Brühe auffüllen, die Suppe etwa ¼ Stunde köcheln lassen. Mit der Petersilie bestreuen.

ca. 105 kcal • 440 kJ

Variation

Je nach Saison und Geschmacksvorlieben können Sie auch andere Gemüsesorten (z. B. Brokkoli, Blumenkohl oder Erbsen) in der Brühe garen. Beachten Sie, daß einige Gemüse (z. B. Kartoffeln und Schwarzwurzeln) zur Kohlenhydratgruppe zählen.

Tip

Zusammen mit einem Vollkornbrötchen oder mit etwa 125 g gekochten Vollkornnudeln (etwa 40 g Rohgewicht) als Suppeneinlage ergibt die Gemüsesuppe eine leichte Kohlenhydrathauptmahlzeit.

Grünkernsuppe „Förster Art"

Zubereitungszeit:
ca. 50 Minuten

Für 2 Personen

1 Zwiebel
100 g frische Waldpilze oder Zuchtchampignons
1 EL Butter
50 g feines Grünkernschrot
½ l vegetarische Gemüsebrühe (aus Instantpulver zubereitet)
1 TL Currypulver
1 Msp. Cayennepfeffer
2 El süße Sahne
2 EL fein gehackte Kräuter (z. B. Petersilie, Liebstöckel, Kerbel oder Pimpernelle)

1. Die Zwiebel schälen, in feine Würfel schneiden. Die Pilze putzen, waschen, trockenreiben und in dünne Scheiben oder kleine Würfel schneiden.
2. Die Butter erhitzen, die Zwiebelwürfel darin glasig dünsten, dann die Pilze dazugeben und kurz mitdünsten. Den Grünkern dazugeben und kurz mitschmoren.
3. Die Brühe dazugießen, das Ganze umrühren und im geschlossenen Topf etwa ¼ Stunde köcheln lassen.
4. Die Suppe mit Curry und Cayennepfeffer fein abschmecken, mit der Sahne verfeinern und mit den Kräutern bestreuen.

ca. 210 kcal • 880 kJ

Tip

Versuchen Sie die Suppe mal mit Steinpilzen, wenn diese Saison haben.

Kartoffel-Steinpilz-Suppe

Zubereitungszeit:
ca. 40 Minuten
Einweichzeit:
ca. ¼ Stunde

Für 2 Personen

ca. 10 g getrocknete Steinpilze
300 g Kartoffeln
1 Zwiebel
1½ EL Butter
400 ml vegetarische Gemüsebrühe (aus Instantpulver zubereitet)
1 TL fein gehackter Liebstöckel
3 EL süße Sahne
4 EL Schnittlauchröllchen

1. Die Pilze kurz abspülen und in einer halben Tasse Wasser (etwa 75 ml) etwa ¼ Stunde einweichen. Inzwischen die Kartoffeln schälen, waschen und in etwa gleich große Würfel schneiden.
2. Die Zwiebel schälen, grob hacken und in der Butter glasig dünsten. Die Kartoffelwürfel hinzufügen und unter Rühren leicht bräunen lassen.
3. Das Ganze mit der Brühe auffüllen und die Pilze zusammen mit dem Einweichwasser sowie den Liebstöckel dazugeben. Alles 15 bis 18 Minuten köcheln lassen.
4. Dann das Ganze mit dem Schneidstab pürieren, mit der Sahne verfeinern und mit dem Schnittlauch bestreuen.

ca. 290 kcal • 1215 kJ

Tip

Zur Pilzsaison sollten Sie die Suppe mal mit frischen Steinpilzen zubereiten. Dazu etwa 125 g Pilze putzen, waschen, kleinwürfeln, in 1 EL Butter kurz dünsten und unter die fertige Suppe ziehen.

Fenchel-Orangen-Salat

Zubereitungszeit:
ca. 25 Minuten

Für 2 Personen

Für den Salat:
2 kleine Fenchelknollen
1 kleine Salatgurke
2 süße Orangen

Für die Sauce:
Saft von 2 süßen Orangen
150 g Sahnedickmilch
1 TL Kräutersalz
1 TL Frutilose (Obstdicksaft aus dem Reformhaus)
je 2 EL gehackte Mandeln und ungeschwefelte Rosinen

1. Die Fenchelknollen putzen, waschen, trockenreiben, halbieren und quer in hauchdünne Streifen schneiden. Die Gurke schälen und grob raspeln.
2. Die Orangen sorgfältig schälen, dabei auch die weiße Haut entfernen. Die Fruchtfilets mit einem scharfen Messer aus den feinen Trennhäutchen herausschneiden.
3. Für die Sauce den Orangensaft zusammen mit der Dickmilch verrühren und alles mit Salz und Frutilose abschmecken.
4. Die Sauce mit den vorbereiteten Salatzutaten mischen. Den Salat mit den Mandeln und den Rosinen bestreuen.

ca. 450 kcal • 1695 kJ

Variation

Heben Sie einige geviertelte Cocktailtomaten unter den Salat. Diese geben ihm optisch und geschmacklich eine besondere Note.

Rohkostsalat „Jamaika"

Zubereitungszeit:
ca. ½ Stunde

Für 2 Personen

Für die Rohkost:
1 Kolben Chicorée
1 kleine Fenchelknolle
2 Möhren
100 g Radicchioblätter
½ frische Ananas

Für die Sauce:
1 EL kaltgepreßtes Sonnenblumenöl
2 EL Zitronensaft
etwas Meersalz
4 EL süße Sahne
1 TL Frutilose (Obstdicksaft aus dem Reformhaus)
2 EL ungeschwefelte Rosinen
2 EL frisch geriebenes Kokosnußfleisch

1. Den Chicorée putzen, waschen, trockenreiben, längs halbieren und den bitteren Strunk keilförmig herausschneiden. Ein paar schöne Blätter beiseite legen, die restlichen quer in kleine Stücke schneiden.
2. Den Fenchel putzen, waschen, trockenreiben, halbieren und quer in sehr feine Streifen schneiden. Die Möhren putzen, waschen und fein raspeln.
3. Den Radicchio putzen, waschen, trockentupfen und in mundgerechte Stücke zupfen. Die Ananas schälen, der Länge nach achteln und das Fruchtfleisch quer in kleine Stücke schneiden.
4. Die Chicoréeblätter auf 2 Teller legen, das vorbereitete Gemüse darauf anrichten und die Ananasstücke darauf geben.

5. Das Öl zusammen mit etwa 100 ml Wasser und dem Zitronensaft verrühren. Alles mit Salz abschmecken und mit Sahne sowie Frutilose verfeinern.
6. Die Rosinen kurz abspülen, abtropfen lassen, hinzufügen und alles über die Rohkost geben. Die Kokosnußraspel darüberstreuen.
(auf dem Foto: links)

ca. 380 kcal • 1590 kJ

Variation

Anstelle der Ananas können Sie auch andere exotische Früchte, wie z. B. Mangos, Kiwis oder Melonen verwenden.

Apfel-Möhren-Sellerie-Rohkost

Zubereitungszeit:
ca. ½ Stunde

Für 2 Personen

Für die Rohkost:
2 säuerliche Äpfel (z. B. Boskop)
2 EL Zitronensaft
3 Möhren
2 Stangen Staudensellerie
2 EL Frutilose (Obstdicksaft aus dem Reformhaus)

Für die Sauce:
150 g Joghurt (3,5% Fett)
2 EL süße Sahne
1 EL frisch geriebener Ingwer
2 EL Frutilose (Obstdicksaft aus dem Reformhaus)

Außerdem:
je 2 EL Sonnenblumenkerne und Kokosraspel

1. Die Äpfel waschen, trockenreiben, vierteln, das Kerngehäuse herausschneiden, das Fruchtfleisch grob raspeln und sofort mit dem Zitronensaft beträufeln.
2. Die Möhren putzen, schaben, waschen und ebenfalls grob raspeln. Vom Sellerie die Fäden abziehen, die Stangen waschen, trockenreiben und in hauchdünne Scheiben schneiden.
3. Die vorbereiteten Zutaten mischen und mit Frutilose leicht süßen.
4. Für die Sauce Joghurt, Sahne, Ingwer und Frutilose verrühren, alles auf die Rohkost geben und das Ganze mit den Sonnenblumenkernen und den Kokosraspeln bestreuen.
(auf dem Foto: rechts)

ca. 450 kcal • 1885 kJ

Getränketip

Zur Rohkost paßt gut ein frischer Orangensaft.

Feldsalat mit fruchtiger Sauce

Zubereitungszeit:
ca. ½ Stunde

Für 2 Personen

Für den Salat:
125 g junger Feldsalat
3 Möhren
2 EL ungeschwefelte Rosinen

Für die Sauce:
1 säuerlicher Apfel (z. B. Boskop)
1 EL Zitronensaft
Saft von 1 Orange
175 g Sahnedickmilch
1 EL Frutilose (Obstdicksaft aus dem Reformhaus)
1 TL Kräutersalz
1 Msp. Cayennepfeffer

Außerdem:
2 EL Sonnenblumenkerne

1. Den Salat verlesen, putzen, gründlich waschen und trockenschwenken. Dabei sollten die Salatpflänzchen möglichst ganz bleiben.
2. Die Rosinen heiß abspülen und gut abtropfen lassen. Die Möhren putzen, schaben, fein raspeln und zusammen mit den Rosinen zum Salat geben.
3. Für die Sauce den Apfel schälen, vierteln, das Kerngehäuse herausschneiden und die Apfelstücke sehr fein raspeln. Alles sofort mit Zitronensaft beträufeln, damit sich die Äpfel nicht bräunlich verfärben.
4. Den Orangensaft zusammen mit der Dickmilch gut verrühren. Den geriebenen Apfel hinzufügen und alles mit der Frutilose, dem Salz und dem Cayennepfeffer abschmecken.
5. Die Sauce über den Salat gießen und das Ganze mit den Sonnenblumenkernen bestreuen.

ca. 350 kcal • 1465 kJ

Variation

Der Feldsalat kann gegen die gleiche Menge jungen Blattspinat ausgetauscht werden.

Knackiger Salat mit Roastbeef

Zubereitungszeit:
ca. ½ Stunde

Für 2 Personen

Für den Salat:
1 kleiner Eisbergsalat
10 Radieschen
1 gelbe Paprikaschote
3 reife Tomaten
1 Bund Rucolasalat (Rauke)

Für die Marinade:
1 EL kaltgepreßtes Olivenöl
1 ½ EL vergorenes Molkekonzentrat (Molkosan aus dem Reformhaus)
4 EL süße Sahne
5 EL frisch gehackte Petersilie
1 TL Kräutersalz

Außerdem:
100 g Roastbeef in Scheiben
1 hartgekochtes Ei

1. Den Eisbergsalat putzen, waschen, trockentupfen und die Blätter in Stücke zupfen. Die Radieschen putzen, waschen und in dünne Scheiben schneiden.
2. Die Paprikaschote waschen, trockenreiben, halbieren, entkernen und in kleine Würfel schneiden. Die Tomaten waschen, trockenreiben, von den Stielansätzen befreien und fein würfeln.
3. Den Rucolasalat verlesen, putzen, waschen, trockenschwenken und die Blätter quer in Streifen schneiden.
4. Öl, Molkekonzentrat, etwa 130 ml Wasser und Sahne miteinander verrühren. Die Petersilie dazugeben und alles mit dem Salz abschmecken.
5. Alle vorbereiteten Salatzutaten in eine Schüssel geben und zusammen mit der Marinade mischen.
6. Das Roastbeef in feine Streifen schneiden, das Ei pellen, achteln und den Salat mit beidem garnieren.

ca. 365 kcal • 1530 kJ

Tip

Rucolasalat, auch Rauke genannt, ist mit Rettich und Radieschen verwandt und schmeckt intensiv würzig. Die Blätter sollten stets fest und dunkelgrün sein.

Tomatensalat „Korsika“

Zubereitungszeit:
ca. 20 Minuten

Für 2 Personen

500 g reife Tomaten
120 g milder Schafskäse, in Lake eingelegt
1 ½ EL kaltgepreßtes Olivenöl
1 durchgepreßte Knoblauchzehe
3 EL gehacktes Basilikum
½ TL Meersalz

1. Die Tomaten waschen, trockenreiben, die Stielansätze entfernen und die Früchte in kleine Würfel schneiden. Den Schafskäse mit einer Gabel zerdrücken und zu den Tomaten geben.
2. Das Öl mit etwa 4 Eßlöffeln Wasser mischen, den Knoblauch dazugeben und das Basilikum darunterrühren.
3. Die Marinade leicht salzen und über den Tomatensalat gießen.
(auf dem Foto: links)

ca. 270 kcal • 1130 kJ

Tip

Zusammen mit einigen Oliven und Pittabrot („Pitta mit Gemüsefüllung“, S. 96) erhalten Sie ein kohlenhydratreiches Hauptgericht.

Möhrenfrischkost

Zubereitungszeit:
ca. ¼ Stunde

Für 2 Personen

500 g Möhren
2 TL vergorenes Molkekonzentrat (Molkosan aus dem Reformhaus)
1 EL kaltgepreßtes Sonnenblumenöl
50 g süße Sahne
etwas Kräutersalz
4 EL fein gehackte Blattpetersilie

1. Die Möhren putzen, schaben, waschen, trockentupfen und ganz fein raspeln.
2. Alle übrigen Zutaten zusammen mit etwa 100 ml Wasser verrühren und die Möhren damit anmachen.
(auf dem Foto: rechts)

ca. 200 kcal • 840 kJ

Variationen

- Statt Molkosan können Sie auch die gleiche Menge Zitronensaft verwenden. Die Frischkost bleibt dann neutral.
- Geben Sie mal etwa 1 EL gemahlene Mandeln oder Haselnüsse unter die Sauce.

Hinweis

Das Öl macht das Vitamin A aus den Möhren dem Körper gut verfügbar.

Pflaumengrütze

Zubereitungszeit:
ca. ½ Stunde
Zeit zum Ziehen:
ca. ½ Stunde

Für 2 Personen

250 g frische Pflaumen
2 EL Frutilose (Obstdicksaft aus dem Reformhaus)
1 TL weißer Rum
1 Zimtstange
1 Nelke
2–3 Meßlöffel pflanzliches Bindemittel (z. B. Nestargel aus dem Reformhaus)
ca. 4 EL geschlagene süße Sahne

1. Die Pflaumen waschen, entsteinen, in kleine Stücke schneiden, in einen Topf geben und zusammen mit Frutilose, Rum, Zimt und Nelke vermischen. Das Ganze für etwa ½ Stunde Saft ziehen lassen.
2. Die Pflaumen anschließend mit etwa ¼ l Wasser auffüllen und alles unter Rühren aufkochen.
3. Die Grütze nach Belieben binden. Dafür den Topf vom Herd nehmen, das Bindemittel hineinrühren und alles nochmals kurz aufkochen lassen.
4. Die Pflaumengrütze in Dessertschüsselchen füllen, dabei Zimt und Nelke entfernen, das Ganze abkühlen lassen und kalt stellen.
5. Die Grütze kurz vor dem Servieren mit Sahnetupfen garnieren.

ca. 230 kcal • 960 kJ

Variation

Statt der Pflaumen können Sie auch gleiche Mengen reifer Pfirsiche, Nektarinen, Birnen oder 2 mittelgroße, süße Orangen verwenden.

Joghurt-Beeren-Creme

Zubereitungszeit:
ca. ½ Stunde
Kühlzeit:
mind. 2 Stunden

Für 2 Personen

150 g frische, reife Beeren (z. B. Johannisbeeren, Himbeeren, Brombeeren)
40 g süße Sahne
1 frisches Eigelb
2½ EL Frutilose (Obstdicksaft aus dem Reformhaus)
2 Blatt weiße Gelatine
150 g Sahnejoghurt

1. Die Beeren verlesen, eventuell von den Stielen befreien, waschen, einige schöne Beeren beiseite legen, den Rest pürieren und durch ein feines Sieb streichen.
2. Die Sahne zusammen mit etwa 60 ml Wasser in einer Metallschüssel (z. B. ein Schlagkessel) vermischen. Das Eigelb und die Frutilose mit einem Schneebesen unter die Sahne-Wasser-Mischung rühren.
3. Das Ganze in einem Wasserbad bei mäßiger Hitze mit dem Schneebesen so lange schlagen, bis eine leicht dickliche Masse entstanden ist. Die Creme langsam unter das Beerenpüree ziehen.
4. Die Gelatine für etwa 5 Minuten in kaltem Wasser einweichen. Inzwischen den Joghurt glattrühren und unter die Beerencreme heben.
5. Die Gelatine gut ausdrücken, bei geringer Hitze in einem kleinen Topf schmelzen lassen, dann nach und nach unter die Joghurt-Beeren-Creme rühren.
6. Das Ganze in 2 Dessertgläser füllen und für mindestens 2 Stunden kalt stellen. Zum Schluß das Dessert mit den restlichen Beeren garnieren.

ca. 320 kcal • 1340 kJ

Tip

Verwenden Sie außerhalb der Beerensaison (Juni bis September) einfach TK-Beerenmischungen.

Marmorierte Brombeercreme

Zubereitungszeit:
ca. ½ Stunde
Zeit zum Gelieren:
ca. 1½ Stunden

Für 2 Personen

250 g frische, vollreife Brombeeren
2 Blatt weiße Gelatine
4 EL Frutilose (Obstdicksaft aus dem Reformhaus)
100 g süße Sahne

1. Die Brombeeren verlesen, waschen, etwa 4 schöne Beeren beiseite legen, den Rest in einen Topf geben und zusammen mit etwa 5 Eßlöffeln Wasser kurz aufkochen lassen.
2. Die Gelatine für etwa 5 Minuten in kaltem Wasser einweichen. Inzwischen das Brombeermus durch ein Sieb streichen und alles mit der Frutilose süßen.
3. Die Gelatine gut ausdrücken, bei geringer Hitze in einem kleinen Topf schmelzen lassen, dann nach und nach in das Brombeermus einrühren. Das Ganze zum Gelieren etwa 1½ Stunden kalt stellen.
4. Danach die Sahne steifschlagen und unregelmäßig unter die Creme ziehen. Dabei etwa 2 Eßlöffel Sahne zurückbehalten.
5. Das Ganze in 2 Dessertgläser geben und dann mit je einem Klecks Sahne und den Brombeeren verzieren.

ca. 525 kcal • 2200 kJ

Tip

Statt frischer Brombeeren kann auch TK-Ware genommen werden.

Himbeermousse

Zubereitungszeit:
ca. ½ Stunde
Kühlzeit:
ca. 1½ Stunden

Für 2 Personen

250 g frische Himbeeren
4 Blatt weiße Gelatine
80 g süße Sahne
2 frische Eigelb
6 EL Frutilose (Obstdicksaft aus dem Reformhaus)
gut 4 EL steifgeschlagene süße Sahne
6 Minzeblättchen

1. Die Himbeeren verlesen, waschen, einige schöne Beeren beiseite legen, den Rest pürieren und durch ein Sieb streichen. Die Gelatine für etwa 5 Minuten in kaltem Wasser einweichen.
2. Die flüssige Sahne zusammen mit etwa 120 ml Wasser in einer Metallschüssel (z. B. ein Schlagkessel) verrühren. Die Eigelbe und die Frutilose mit einem Schneebesen in die Sahne-Wasser-Mischung einrühren.
3. Das Ganze in einem Wasserbad bei mäßiger Hitze mit dem Schneebesen so lange aufschlagen, bis eine leicht dickliche Masse entstanden ist. Die Creme abkühlen lassen und langsam unter das Himbeerpüree ziehen.
4. Die Gelatine gut ausdrücken und bei geringer Hitze in einem kleinen Topf schmelzen lassen, nach und nach unter das Himbeermousse rühren. Danach die geschlagene Sahne darunterziehen.
5. Das Mousse in 2 Dessertgläser füllen, ungefähr 1½ Stunden kalt stellen und anschließend mit den restlichen Himbeeren sowie den Minzeblättchen garnieren.

ca. 305 kcal • 1275 kJ

Tip

Statt frischer Himbeeren kann die gleiche Menge TK-Ware genommen werden.

Orangen-Sahne-Eis

Zubereitungszeit:
ca. ½ Stunde
Zeit zum Gefrieren:
1½–2 Stunden

Für 2 Personen

Saft von 3 Blutorangen (ca. 150 ml)
ca. 1 EL Frischkäse
6 EL Frutilose (Obstdicksaft aus dem Reformhaus)
150 g Sahnejoghurt
75 g steifgeschlagene Sahne
1 Blutorange
6 Minzeblättchen

1. Den Orangensaft durch ein Sieb geben, zusammen mit dem Käse und mit der Frutilose cremig rühren, dann den Joghurt und die steifgeschlagene Sahne darunterziehen.
2. Die Orangencreme in eine Metallschüssel geben und für 1½ bis 2 Stunden in das Tiefkühlfach stellen. Etwa alle 20 Minuten die Eiskristalle mit einem Schneebesen von der Oberfläche sowie vom Schüsselrand unter die Eismasse schlagen.
3. Von der Orange oben und unten einen Deckel abschneiden. Die Schale von oben nach unten so abschneiden, daß auch die weiße Haut entfernt wird. Dann die Orangenfilets aus den Trennhäuten herausschneiden.
4. Das Eis auf 2 Desserttellerchen oder -schalen anrichten (z. B. Kugeln formen oder mit einem Spritzbeutel mit Sterntülle spritzen) und mit den Orangenfilets sowie den Minzeblättchen garnieren.

ca. 475 kcal • 1990 kJ

Aprikoseneis

Zubereitungszeit:
ca. 20 Minuten
Zeit zum Gefrieren:
ca. 2–3 Stunden

Für 2 Personen

175 g Sahnedickmilch
2 EL Zitronensaft
abgeriebene Schale von ½ unbehandelten Zitrone
5 EL Frutilose (Obstdicksaft aus dem Reformhaus)
6 reife Aprikosen
8 Minzeblättchen

1. Die Dickmilch zusammen mit dem Zitronensaft sowie der -schale und der Frutilose cremig rühren.
2. Die Aprikosen kreuzweise einritzen, kurz in kochendem Wasser überbrühen, die Schale abziehen, die Früchte halbieren und entkernen.
3. Die Aprikosen mit einem Schneidstab pürieren und die Dickmilch darunterziehen.
4. Die Aprikosencreme in eine Metallschüssel geben und das Ganze für 2 bis 3 Stunden ins Gefrierfach stellen. Die Eismasse zwischendurch immer wieder mit einem Löffel umrühren.
5. Das gefrorene Eis in Dessertgläser geben und mit der Minze garnieren.
(auf dem Foto oben)

ca. 325 kcal • 1360 kJ

Variation

Statt der Aprikosen können Sie auch 2 große, reife Pfirsiche oder Nektarinen verwenden.

Süßer Buttermilch-Joghurt-Teller

Zubereitungszeit:
ca. 10 Min

Für 2 Personen

150 g Buttermilch
175 g Joghurt (3,5% Fett)
2 EL Frutilose (Obstdicksaft aus dem Reformhaus)
1 vollreife Banane
1 EL ungesalzene, gehackte Pistazienkerne
8 Minzeblättchen

1. Die Buttermilch zusammen mit dem Joghurt und der Frutilose gut verquirlen.
2. Die Banane schälen, mit einer Gabel sehr fein zerdrücken, aufschlagen, unter die Buttermilch ziehen.
3. Das Ganze in tiefe Dessertschälchen verteilen und mit den Pistazien sowie der Minze garnieren.
(auf dem Foto unten)

ca. 215 kcal • 900 kJ

Kohlenhydratreiche Hauptgerichte

Indisches Reisgericht

Zubereitungszeit:
ca. 1¼ Stunden
Quellzeit: ca. 8 Stunden

Für 2 Personen

100 g Naturreis
ca. 13 abgezogene Mandelkerne
1 Zwiebel
1 EL kaltgepreßtes Sonnenblumenöl
100 g frische Austernpilze
1 Banane
1 Bund kleine Frühlingszwiebeln
50 g ungeschwefelte Rosinen
1 TL Korianderpulver
½ TL Muskatnußpulver
1 TL zerstoßener Kümmelsamen
2 TL Zimtpulver
1 TL Kardamompulver
2–3 TL Anispulver
4 Gewürznelken
½ TL Cayennepfeffer
¼ l heiße, vegetarische Gemüsebrühe (aus Instantpulver hergestellt)
1 EL Sesamsamen
1 Döschen Safranpulver

1. Den Reis in einen Topf geben, mit kaltem Wasser bedecken und etwa 8 Stunden (am besten über Nacht) quellen lassen.
2. Am nächsten Tag den Reis bei milder Hitze im geschlossenen Topf etwa 25 Minuten garen, anschließend abgießen.
3. Inzwischen die Mandeln halbieren und in Stifte schneiden. Die Zwiebel schälen, fein hacken und zusammen mit den Mandelstiften im mäßig heißen Öl braten. Das Ganze beiseite stellen.
4. Die Pilze putzen, abspülen, trockentupfen und in Streifen schneiden. Die Banane schälen, in Scheiben schneiden und zusammen mit den Pilzen zur Zwiebel-Mandel-Mischung geben.
5. Die Frühlingszwiebeln putzen, waschen, das Grün abschneiden und in feine Ringe schneiden. Die Zwiebelchen zusammen mit den Rosinen zur Pilzmischung geben. Das Ganze erhitzen, einige Minuten dünsten, danach mit den Gewürzen kräftig abschmecken, alles mit der Brühe auffüllen und aufkochen.
6. Den Sesam dazugeben und das Ganze bei schwacher Hitze unter Rühren etwa 8 Minuten dünsten lassen.
7. Den abgetropften Reis sowie den Safran daruntermischen . Das Gericht mit den Frühlingszwiebelringen garnieren und sofort servieren.

ca. 465 kcal • 1945 kJ

Beilagentip

Wählen Sie zu diesem Gericht einen neutralen Salat (S. 86/87).

Apfel-Dickmilch-Reis

Zubereitungszeit:
ca. ¾ Stunden
Quellzeit:
ca. 8 Stunden

Für 2 Personen

100 g Naturrundkornreis
3 mürbe, süße Äpfel
(z. B. Cox Orange)
je 4 EL ungeschwefelte Rosinen und Honig
175 g Sahnedickmilch
1–2 TL Zimtpulver

1. Den Reis in einen Topf geben, mit kaltem Wasser bedecken und für 8 Stunden (am besten über Nacht) quellen lassen.
2. Am nächsten Tag den Reis bei geringer Hitze im geschlossenen Topf etwa 25 Minuten garen, anschließend abgießen.
3. In der Zwischenzeit die Äpfel schälen, entkernen, kleinwürfeln, in einen Topf geben, etwas Wasser angießen und Rosinen sowie Honig hinzufügen. Das Ganze bei geringer Hitze ungefähr 10 Minuten dünsten.
4. Anschließend den gut abgetropften Reis mit der Apfel-Rosinen-Mischung vermengen, die Dickmilch darunterrühren und alles mit Zimt bestäuben.

ca. 610 kcal • 2550 kJ

Tips

- Essen Sie vorher einen neutralen Salat (S. 86/87).
- Der Apfelreis schmeckt warm und kalt.

Spinatpizza

Zubereitungszeit:
ca. 50 Minuten
Zeit zum Gehen:
mind. 50 Minuten

Für 2 Personen

Für den Teig:
ca. 25 g frische Hefe (gut ½ Würfel)
ca. 130 ml lauwarmes Wasser
200 g feines Dinkel- oder Weizenvollkornmehl
1 TL Meersalz

Für den Belag:
300 g frischer, junger Spinat
1 EL kaltgepreßtes Olivenöl
1–2 durchgepreßte Knoblauchzehen
1 TL Kräutersalz
2 TL gerebelter Oregano oder Majoran
80 g Wörishofener Käse (60% Fett i. Tr.), in Scheiben

Außerdem:
etwas weiche Butter für die Form

1. Die Hefe in dem Wasser auflösen und zusammen mit der Hälfte des Mehls verrühren. Das Ganze mit einem Tuch abdecken und mindestens 20 Minuten an einem warmen Ort gehen lassen.
2. Anschließend das restliche Mehl sowie das Salz hinzufügen und alles zu einem geschmeidigen Teig verkneten.
3. Eine Pizza- oder Springform (28 cm Ø) mit Butter ausfetten. Den Teig entsprechend ausrollen, in die Form legen, mit einer Gabel mehrmals einstechen, mit einem Tuch abdecken und an einem warmen Ort so lange gehen lassen (etwa ½ Stunde), bis er doppelt so dick ist.
4. Inzwischen den Spinat verlesen, putzen, waschen und gut abtropfen lassen. Das Öl in einem großen Topf erhitzen, den Spinat darin andünsten, dann im geschlossenen Topf 3 bis 4 Minuten garen. Den Backofen auf 200 °C vorheizen.
5. Den Spinat gut abtropfen lassen und gleichmäßig auf dem Teigboden verteilen. Knoblauch, Salz und Oregano darauf verteilen.
6. Den Käse in Streifen schneiden und auf der Pizza verteilen. Das Ganze etwa 20 Minuten auf der mittleren Schiene backen.

ca. 655 kcal • 2740 kJ

Vorspeisentip

Essen Sie zur Pizza eine neutrale Vorspeise. Wir empfehlen Rohkost oder Salat (S. 86/87).

Zucchini-Pilz-Kuchen

Zubereitungszeit:
ca. 1½ Stunden
Zeit zum Gehen:
mind. 50 Minuten

Für 4 Personen

Für den Teig:
1 Würfel frische Hefe (ca. 42 g)
ca. 130 ml lauwarmes Wasser
200 g feines Dinkel- oder Weizenvollkornmehl
½ TL Kümmelpulver
1 TL getrocknete Kräuter der Provence
1 TL Meersalz

Für den Belag:
1 große Gemüsezwiebel
2 mittelgroße Zucchini (ca. 300 g)
100 g frische Champignons
1 EL ungehärtetes Kokosfett (aus dem Reformhaus)
2 TL vegetarische Gemüsebrühe (Instantpulver)
3 EL Sonnenblumenkerne

Für den Guß:
75 g süße Sahne
2 frische Eigelb
¼ TL Cayennepfeffer
1 TL Kräutersalz
½ TL Muskatnußpulver

Außerdem:
etwas weiche Butter für die Form

1. Die Hefe zerbröckeln, in dem Wasser auflösen und die Hälfte des Mehls hineinrühren. Das Ganze mit einem Tuch abdecken und mindestens 20 Minuten an einem warmen Ort gehen lassen.
2. Anschließend das restliche Mehl, Kümmel, Kräuter und Salz hinzufügen und alles zu einem geschmeidigen Teig verkneten.
3. Eine Springform (26 cm Ø) mit der Butter ausfetten. Den Teig entsprechend ausrollen, in die Form legen, einen Rand leicht hochziehen und den Boden mit einer Gabel mehrmals einstechen.
4. Das Ganze mit einem Tuch abdecken und an einem warmen Ort so lange gehen lassen (etwa ½ Stunde), bis der Teigboden etwa doppelt so dick ist.
5. In der Zwischenzeit die Zwiebel schälen, halbieren und in dünne Ringe schneiden. Die Zucchini und die Pilze putzen, waschen, trockentupfen und beides in recht dünne Scheiben schneiden.
6. Den Backofen auf 175 °C vorheizen. Das Fett in einer Pfanne erhitzen, die Zwiebelringe zusammen mit den Zucchini- sowie Pilzscheiben darin einige Minuten schmoren.
7. Das Gemüse mit der Brühe würzen. Die Sonnenblumenkerne darunterrühren und alles gleichmäßig auf dem Teigboden verteilen.
8. Die Sahne mit etwa 5 Eßlöffeln Wasser verrühren, die Eigelbe darunterquirlen und das Ganze mit den Gewürzen abschmecken. Den Guß über das Gemüse gießen und den Kuchen 20 bis 25 Minuten auf der mittleren Schiene backen.

ca. 840 kcal • 3515 kJ

Beilagentip
Essen Sie zum Kuchen einen kleinen, neutralen Salat oder Rohkost (S. 86/87).

Pitta mit Gemüsefüllung

Zubereitungszeit:
ca. 1 Stunde
Zeit zum Gehen:
mind. 50 Minuten

Für 2 Personen

Für den Teig:
1 Würfel Hefe (ca. 42 g)
ca. 120 ml lauwarmes Wasser
400 g feines Dinkelvollkornmehl
100 ml Buttermilch
5 EL saure Sahne
3 EL kaltgepreßtes Sonnenblumenöl
2 frische Eigelb
1 TL Meersalz
2 TL Kümmelpulver
1 TL Korianderpulver
2 durchgepreßte Knoblauzehen
2 EL weiche Butter

Für die Füllung:
1 Gemüsezwiebel
2 rote Paprikaschoten
10 entsteinte schwarze Oliven
100 g frische Champignons
1 EL Olivenöl
1 TL Kräutersalz
2 TL gerebelter Oregano
1 TL frisch gehackter Majoran
1 durchgepreßte Knoblauchzehe
60 g Butterkäse (mind. 60 % Fett i. Tr.) am Stück

Außerdem:
etwas Sonnenblumenöl für die Form

1. Die Hefe zerbröckeln, in dem Wasser auflösen und alles mit einem Drittel des Mehls zu einem Brei verrühren. Diesen mit einem Tuch abdecken und den Hefeteig etwa 20 Minuten an einem warmen Ort gehen lassen.
2. Anschließend restliches Mehl, Buttermilch, Sahne, Öl, Eigelbe, Salz, Kümmel sowie Koriander hinzufügen und alles zu einem geschmeidigen Teig verkneten.
3. Eine große Springform (26 cm Ø) mit Öl ausfetten. Den Teig hineingeben, glattstreichen, mit einem Tuch abdecken und an einem warmen Ort so lange gehen lassen, bis er etwa zu doppeltem Volumen aufgegangen ist (dies dauert etwa ½ Stunde).
4. Inzwischen den Backofen auf 180 °C vorheizen. Den Knoblauch zusammen mit der Butter verrühren und den gegangenen Teig damit bestreichen.
5. Die Pitta im Ofen auf der mittleren Schiene in etwa 25 Minuten goldgelb backen.
6. In der Zwischenzeit die Zwiebel schälen und in dünne Ringe schneiden. Paprikaschoten waschen, trockenreiben, vierteln, entkernen und quer in kleine Streifen schneiden.
7. Die Oliven fein hacken. Die Pilze putzen, mit einem feuchten Tuch abreiben und in feine Scheiben schneiden.
8. Das Gemüse in dem Öl andünsten und mit Salz, Oregano sowie Majoran würzen. Den Knoblauch dazugeben und alles warm halten. Den Butterkäse klein würfeln.
9. Die Pitta aus dem Ofen nehmen, etwas abkühlen lassen, aus der Form nehmen, halbieren und in jede Hälfte eine Tasche schneiden. Je die Hälfte der Gemüsemischung zusammen mit dem Käse in eine Pittatasche füllen.
(auf dem Foto: links)

ca. 1470 kcal • 6150 kJ

Tip

Das Pittabrot als solches eignet sich prima als kohlenhydratreiche Beilage zu neutralen oder kohlenhydratreichen Gerichten.

Schweizer Krautwickel mit Krautsalat

Zubereitungszeit:
ca. 2 Stunden
Zeit zum Durchziehen:
ca. 2 Stunden

Für 2 Personen

Für den Salat:
1 Weißkohlkopf (ca. 1 kg)
1 Zwiebel
1½ EL vergorenes Molkekonzentrat (Molkosan aus dem Reformhaus)
1½ EL kaltgepreßtes Sonnenblumenöl
1 TL Kräutersalz
1 TL zerstoßene Kümmelkörner
1 Msp. Cayennepfeffer

Für die Krautwickel:
8–10 äußere Blätter vom Weißkohlkopf für den Salat
1 TL Meersalz
1 Zwiebel
200 g frische Champignons
1 EL Butter
80 g Hirse
80 g fester Camembert (mind. 60 % Fett i. Tr.)
4 EL süße Sahne
2 TL Currypulver
2 TL gehackter Liebstöckel
2 EL vegetarische Gemüsebrühe (Instantpulver)
1½ EL ungehärtetes Kokosfett (Reformhaus)
ca. 10 g getrockenete Steinpilze
1 Lorbeerblatt
¼ TL Cayennepfeffer
½ TL Muskatnußpulver
2–3 Meßlöffel pflanzliches Bindemittel (z. B. Nestargel aus dem Reformhaus)
4 EL süße Sahne

1. Den Kohlkopf putzen, den Strunk herausschneiden und den Kohl in reichlich Salzwasser ungefähr 18 Minuten kochen lassen, anschließend herausnehmen, abkühlen lassen, 8 bis 10 äußere Blätter ablösen, von festen Blattrippen befreien und dann bereitlegen.
2. Den restlichen Kohl halbieren, quer in ganz feine Streifen schneiden und mit den Händen etwas ausdrücken. Die Zwiebel schälen, fein hacken und unter das Kraut mischen.
3. Das Molkekonzentrat mit etwa 100 ml Wasser mischen und das Öl darunterschlagen. Die Sauce mit den Würzzutaten abschmecken, den Salat damit anmachen und etwa 2 Stunden ziehen lassen.
4. In der Zwischenzeit die Zwiebel schälen und fein würfeln. Die Champignons putzen, waschen, trockenreiben und fein hacken. Beides in der Butter andünsten.
5. Die Hirse in ein Sieb geben, heiß abspülen, unter die Pilz-Zwiebel-Mischung rühren und alles 5 bis 8 Minuten schmoren. Das Ganze mit etwa ½ l Wasser auffüllen, zudecken und 20 bis 25 Minuten köcheln lassen. Anschließend die restliche Flüssigkeit verdampfen lassen.
6. Inzwischen den Käse in kleine Würfel schneiden. Ihn dann zusammen mit Sahne, Curry sowie 1 Teelöffel Liebstöckel unter die fertige Hirse rühren und das Ganze mit etwa 1 Eßlöffel Brühe abschmecken.
7. Je 2 bis 3 Kohlblätter pro Roulade dachziegelartig übereinanderlegen und je ein Viertel der Hirsemischung daraufgeben, die Blätter zusammenrollen, mit Zwirn umwickeln.
8. Das Fett in einem Bräter erhitzen, die Krautwickel darin rundherum braun anbraten und alles mit etwa ½ l Kohlbrühe auffüllen.
9. Getrocknete Pilze, Lorbeerblatt, restliche Gemüsebrühe, Cayennepfeffer, restlichen Liebstöckel sowie Muskatnuß dazugeben. Alles etwa 35 Minuten köcheln lassen.
10. Anschließend das Lorbeerblatt entfernen und die Sauce nach Belieben mit dem Bindemittel binden (Packungsangaben beachten). Alles nochmals kurz aufkochen und mit der Sahne verfeinern. Salat, Roulade und Sauce zusammen servieren.
(auf dem Foto: rechts)

ca. 840 kcal • 3515 kJ

Kartoffel-Mandel-Rösti

Zubereitungszeit:
ca. ¾ Stunden

Für 2 Personen

400 g festkochende Kartoffeln
ca. 13 abgezogene Mandelkerne
1 Zwiebel
100 g frische Champignons
2 TL Butter
1 frisches Eigelb
1 EL vegetarische Gemüsebrühe (Instantpulver)
½ TL Muskatnußpulver
1½ EL ungehärtetes Kokosfett (aus dem Reformhaus)

1. Die Kartoffeln gründlich waschen, in reichlich Wasser als Pellkartoffeln in etwa 20 Minuten bißfest garen, anschließend abgießen und erkalten lassen.
2. In der Zwischenzeit die Mandeln grob hacken. Die Zwiebel schälen und fein würfeln. Die Pilze putzen, waschen, trockenreiben und in kleine Würfel schneiden.
3. Die Butter in einer Pfanne schmelzen lassen und Mandelsplitter, Zwiebel- sowie Pilzwürfel darin kurz dünsten. Das Ganze beiseite stellen.
4. Die Kartoffeln pellen, grob reiben. Die Mandel-Pilz-Zwiebel-Mischung zusammen mit dem Eigelb zu den Kartoffeln geben. Alles gut mischen und mit der Brühe sowie dem Muskatnußpulver würzen.
5. Mit angefeuchteten Händen aus der Kartoffelmasse 6 kleine, flache Küchlein formen und diese im erhitzten Kokosfett von beiden Seiten so lange braten, bis sie knusprig sind.

ca. 380 kcal • 1590 kJ

Beilagentip

Wählen Sie zum Rösti den Tomatensalat „Korsika" oder eine Möhrenfrischkost (S. 86/87).

Bunte Kartoffelpfanne

Zubereitungszeit:
ca. ¾ Stunden

Für 2 Personen

400 g Kartoffeln
1 Zwiebel
150 g frische Champignons
1 rote Paprikaschote
2 EL Butter
150 g grüne TK-Erbsen
1 TL Kräutersalz
½ TL Muskatnußpulver
2 EL saure Sahne

1. Die Kartoffeln waschen, als Pellkartoffeln in etwa 20 Minuten bißfest garen und anschließend abgießen.
2. In der Zwischenzeit die Zwiebel schälen und fein hacken. Die Pilze putzen, waschen, trockenreiben und in Scheiben schneiden. Die Paprikaschote waschen, trockenreiben, vierteln, entkernen und quer in Streifen schneiden.
3. Die Kartoffeln pellen und grob würfeln. Die Butter in einer Pfanne schmelzen lassen und Zwiebelwürfel, Pilzscheiben, Erbsen sowie Paprikastreifen darin einige Minuten dünsten.
4. Kartoffelwürfel hinzufügen und alles bei geringer Hitze unter Rühren einige Minuten schmoren. Das Ganze mit Salz und Muskatnuß würzen.
5. Die Kartoffelpfanne auf 2 Tellern anrichten und jeweils mit einem Klecks Sahne versehen.

ca. 300 kcal • 1255 kJ

Beilagentip

Wählen Sie als Vorspeise oder Beilage einen neutralen Salat (S. 86/87).

Pellkartoffeln mit Brokkolidip

Zubereitungszeit:
ca. ½ Stunde

Für 2 Personen

Für die Kartoffeln:
400 g kleine Kartoffeln
1 TL Kümmelsamen

Für den Dip:
250 g Sahnedickmilch
100 g Brokkoliröschen
1 TL Kräutersalz
1–2 durchgepreßte Knoblauchzehen

Außerdem:
4 EL Schnittlauchröllchen

1. Die Kartoffeln gründlich waschen und zusammen mit dem Kümmel als Pellkartoffeln knapp 20 Minuten garen.
2. In der Zwischenzeit die Dickmilch cremig rühren. Den Brokkoli putzen, waschen, kleinschneiden und zusammen mit dem Salz zur Dickmilch geben.
3. Alles mit einem Schneidstab fein pürieren und nach Belieben mit dem Knoblauch abschmecken.
4. Die Pellkartoffeln zusammen mit dem Brokkolidip servieren und das Ganze mit dem Schnittlauch bestreuen.

ca. 315 kcal • 1320 kJ

Beilagentip

Essen Sie vorweg eine „Klare Gemüsesuppe“ (S. 80) und dazu einen Tomatensalat „Korsika“ (S. 86). Beide Gerichte sind neutral.

Grünkernbratlinge mit Paprikagemüse

Zubereitungszeit:
ca. 1¼ Stunden
Quellzeit:
ca. ½ Stunde

Für 2 Personen

Für die Bratlinge:
1 Zwiebel
100 g frische Champignons
1 TL Butter
160 g mittelfeines Grünkernschrot
¼ l vegetarische Gemüsebrühe (aus Instantpulver zubereitet)
1 frisches Eigelb
3 Blätter feingehackter Liebstöckel
80 g milder Schafskäse, in Lake eingelegt
3 EL Vollkornsemmelbrösel
4 TL ungehärtetes Kokosfett (aus dem Reformhaus)

Für das Gemüse:
1 Zwiebel
600 g rote und gelbe Paprikaschoten (ca. 3 mittelgroße Schoten)
1½ EL kaltgepreßtes Sonnenblumenöl
1 EL Weizenvollkornmehl
150 ml vegetarische Gemüsebrühe (aus Instantpulver zubereitet)

1. Für die Bratlinge die Zwiebel schälen, die Champignons putzen, waschen und trockenreiben. Beides sehr fein würfeln und in der Butter glasig dünsten.
2. Das Grünkernschrot dazugeben, alles miteinander verrühren und mit der Brühe aufgießen. Das Ganze unter Rühren bei geringer Hitze aufkochen lassen.
3. Eigelb und Liebstöckel unter die Masse mischen und alles unter Rühren so lange erwärmen, bis ein fester Brei entstanden ist. Das Ganze vom Herd nehmen und die Grünkernmasse etwa ½ Stunde quellen lassen.
4. In der Zwischenzeit die andere Zwiebel schälen und grob hacken. Die Paprikaschoten waschen, trockenreiben, halbieren, entkernen, in Würfel schneiden und zusammen mit den Zwiebeln unter Rühren etwa 5 Minuten im Öl dünsten.
5. Das Mehl darüberstäuben, unter Rühren leicht anschwitzen und die Brühe dazugießen. Das Ganze etwa 10 Minuten bei geschlossenem Topf köcheln lassen, danach warm halten.
6. Den Schafskäse in Würfel schneiden. Aus der Grünkernmasse mit angefeuchteten Händen etwa 6 Kugeln formen, mit dem Daumen je eine Vertiefung hineindrücken, etwas Käse hineingeben, die Teigkugeln gut verschließen und zu einem flachen Bratling formen.
7. Die Bratlinge in den Semmelbröseln wälzen. Das Fett in einer beschichteten Pfanne erhitzen und die Bratlinge bei milder Hitze unter Wenden in etwa 12 Minuten braun braten und anschließend zusammen mit dem Paprikagemüse servieren.
(auf dem Foto: oben)

ca. 765 kcal • 3200 kJ

Beilagentip
Statt Paprikagemüse können Sie zu den Bratlingen auch einen neutralen Tomatensalat „Korsika" (S. 86) genießen.

Heidelbeer-pfannkuchen

Zubereitungszeit:
ca. 25 Minuten
Quellzeit:
ca. ¼ Stunde

Für 2 Personen

160 g frische Heidelbeeren, ersatzweise TK-Beeren
100 g feines Dinkel- oder Weizenvollkornmehl
1½ TL Weinsteinback-pulver
6 EL süße Sahne
1 frisches Eigelb
etwas Meersalz
2 EL Butter

1. Die Beeren verlesen, von Stielen befreien, waschen und gut abtropfen lassen.
2. Das Mehl zusammen mit dem Backpulver mischen. Nach und nach etwa ¼ l Wasser, die Sahne und das Eigelb darunterrühren, daß ein dünner Teig entsteht.
3. Eine Prise Salz zum Teig geben und ihn ungefähr ¼ Stunde quellen lassen.
4. Dann ½ Eßlöffel der Butter in einer Pfanne schmelzen lassen. Ein Viertel der gesäuberten Heidelbeeren hineingeben und kurz erwärmen.
5. Ein Viertel des Pfannkuchenteigs darauf verteilen und alles bei mittlerer Hitze 1 bis 2 Minuten backen. Den Pfannkuchen wenden, ihn nochmals 1 bis 2 Minuten backen und dann warm stellen.
6. Die restlichen Zutaten ebenso verarbeiten.
(auf dem Foto: unten)

ca. 480 kcal • 2010 kJ

Vorspeisentip

Essen Sie vorweg eine neutrale Suppe (S. 80).

Spaghetti mit kerniger Sauce

Zubereitungszeit:
ca. 25 Minuten

Für 2 Personen

180 g Vollkornspaghetti
1½ TL Meersalz
10 schwarze Oliven ohne Stein
100 g Schafskäse, in Lake eingelegt
3 Kirschtomaten
ca. 50 g Nüsse und Kerne (z. B. Haselnüsse, Mandeln, Sonnenblumen- und Kürbiskerne) ohne Schalen und Häutchen
100 g süße Sahne
½ TL Cayennepfeffer
1–2 durchgepreßte Knoblauchzehen
6 Basilikumblättchen

1. Die Spaghetti in reichlich leicht gesalzenem Wasser bißfest garen.
2. In der Zwischenzeit die Oliven fein hacken. Den Schafskäse mit einer Gabel fein zerbröckeln. Die Tomaten waschen, trockenreiben und halbieren.
3. Die Nüsse und Kerne fein hacken und in einer trockenen Pfanne leicht rösten. Sahne sowie etwa 50 ml Wasser dazugeben.
4. Das Ganze mit etwas Salz, Cayennepfeffer und Knoblauch abschmecken, aufkochen und etwas einreduzieren lassen. Die Oliven darunterrühren.
5. Die Nudeln unter die Sauce mischen, alles gut erwärmen, mit dem Käse bestreuen und mit Tomatenhälften sowie Basilikumblättchen garnieren.

ca. 805 kcal • 3370 kJ

Beilagentip

Dazu paßt ein neutraler Tomatensalat. Machen Sie die Tomaten mit etwas Salz, nach Belieben auch mit Knoblauch sowie etwas kaltgepreßtem Olivenöl an.

Makkaronigratin

Zubereitungszeit:
ca. 50 Minuten

Für 2 Personen

160 g Vollkornmakkaroni
¾ TL Meersalz
1 Zwiebel
1 grüne Paprikaschote
2 TL Butter
1 durchgepreßte Knoblauchzehe
100 g süße Sahne
1 EL vegetarische Gemüsebrühe (Instantpulver)
2 EL frisch gehackter Majoran
¼ TL Cayennepfeffer
100 g Wörishofener Käse (60% Fett i. Tr.) in dünnen Scheiben

1. Die Makkaroni in Stücke brechen, in reichlich leicht gesalzenem Wasser knapp bißfest garen, anschließend abgießen und dann kalt abschrecken.
2. In der Zwischenzeit die Zwiebel schälen und fein hacken. Die Paprikaschote waschen, trockenreiben, halbieren, entkernen und in kleine Würfel schneiden.
3. Die Butter in einer Pfanne erhitzen und Zwiebel- sowie Paprikawürfel darin anbraten. Knoblauch und Sahne hineinrühren. Etwa 100 ml Wasser dazugießen, alles aufkochen und etwas einreduzieren lassen. Den Backofen auf 200 °C vorheizen.
4. Die Sauce mit Brühe, Majoran und Cayennepfeffer abschmecken. Die Nudeln in eine ausreichend große Auflaufform geben.
5. Die Sahnesauce darübergießen. Den Käse in recht schmale Streifen schneiden und darauf legen. Das Gratin auf der mittleren Schiene etwa 20 Minuten überbacken.

ca. 710 kcal • 2970 kJ

Tip

Verwenden Sie statt der Makkaroni Vollkornspiral- oder Vollkornhörnchennudeln.

Überbackene Käsespätzle

Zubereitungszeit:
ca. ¾ Stunden

Für 2 Personen

140 g Vollkornspätzle
1 TL Meersalz
1 Gemüsezwiebel
1½ EL Butter
120 g Butterkäse (mind. 60% Fett i. Tr.) in Scheiben
3 EL gehackte Blattpetersilie

1. Die Nudeln in reichlich leicht gesalzenem Wasser bißfest garen, anschließend abgießen, kalt abschrecken und gut abtropfen lassen.
2. In der Zwischenzeit die Zwiebel schälen, halbieren und in feine Ringe schneiden. Die Butter in einer Pfanne schmelzen lassen und die Zwiebelringe darin andünsten. Den Backofen auf 180 °C vorheizen.
3. Die Nudeln zu den Zwiebeln geben und alles unter Rühren leicht anbraten. Die Mischung in eine entsprechend große Auflaufform füllen, mit dem Käse belegen und das Ganze auf der mittleren Schiene etwa ¼ Stunde überbacken.
4. Die Käsespätzle aus dem Ofen nehmen, kurz ruhen lassen und dann mit der Petersilie bestreuen.

ca. 595 kcal • 2490 kJ

Beilagentip

Essen Sie dazu einen neutralen Tomatensalat „Korsika“ (S. 86) oder eine Möhrenfrischkost (S. 87).

Nudeln mit Pilzen

Zubereitungszeit:
ca. ½ Stunde

Für 2 Personen

500 g gemischte, frische Pilze (z. B. braune Champignons, Austernpilze, Pfifferlinge, Stein- oder andere Waldpilze)
1 Zwiebel
120 g Vollkornbandnudeln
etwas Meersalz
1 EL kaltgepreßtes Sonnenblumenöl
1 TL Kräutersalz
4 EL süße Sahne
1 EL Majoranblättchen

1. Die Pilze putzen, waschen, trockenreiben, kleinschneiden. Die Zwiebel schälen und fein würfeln.
2. Die Nudeln in leicht gesalzenem Wasser bißfest garen, dann abgießen, gut abtropfen lassen und warm halten.
3. Während die Nudeln kochen, das Öl in einer Pfanne erhitzen und die Zwiebelwürfel darin glasig dünsten. Die Pilze hinzufügen und unter Wenden braten, bis die ausgetretene Flüssigkeit verdampft ist.
4. Das Ganze mit dem Kräutersalz würzen, mit der Sahne verfeinern, mit dem Majoran bestreuen und zusammen mit den Nudeln servieren.

ca. 415 kcal • 1735 kJ

Vorspeisentip

Essen Sie vorab einen neutralen Tomatensalat „Korsika" (S. 86) oder eine Möhrenfrischkost (S. 87).

Dinkelsuppe mit Käseklößchen

Zubereitungszeit:
ca. 1 Stunde
Quellzeit: über Nacht

Für 2 Personen

Für die Suppe:
100 g Dinkelkörner
1 Zwiebel
1 Bund Suppengrün
1 EL Butter
2 EL gehackter Liebstöckel
¾ l vegetarische Gemüsebrühe (aus Instantpulver zubereitet)

Für die Klößchen:
60 g Camembert (mind. 60 % Fett i. Tr.)
50 g Vollkornsemmelbrösel
1 frisches Eigelb
5 EL süße Sahne
1 EL fein gehackte Petersilie

1. Den Dinkel in einen Topf geben, mit Wasser bedekken und über Nacht quellen lassen.
2. Am nächsten Tag den Dinkel bei geringer Hitze im geschlossenen Topf etwa 25 Minuten garen, anschließend abgießen.
3. In der Zwischenzeit die Zwiebel schälen und das Suppengrün putzen, waschen und trockentupfen. Das gesamte Gemüse fein hacken und in der Butter glasig dünsten.
4. Dinkel sowie Liebstöckel dazugeben und alles mit der Brühe auffüllen. Die Suppe etwa 8 Minuten leise köcheln lassen, dann den Herd ausschalten.
5. In der Zwischenzeit den Camembert kleinschneiden. Semmelbrösel zusammen mit Eigelb, Käse, Sahne und Petersilie verkneten.
6. Aus dem Teig 12 kleine Klöße formen, in die Suppe geben und bei offenem Topf etwa 10 Minuten darin ziehen lassen.
(auf dem Foto: links)

ca. 630 kcal • 2635 kJ

Ländlicher Reiseintopf

Zubereitungszeit:
ca. ¾ Stunden
Quellzeit: ca. 8 Stunden

Für 2 Personen

100 g Naturreis
1 mittelgroße Stange Lauch
3 große Möhren
1 Kohlrabi
150 g frische Austernpilze
1½ EL Butter
400 ml vegetarische Gemüsebrühe (aus Instantpulver zubereitet)
2–3 EL frisch gehackter Liebstöckel
5 EL gehackte Blattpetersilie

1. Den Reis in einen Topf geben, mit Wasser bedekken und etwa 8 Stunden (am besten über Nacht) quellen lassen.
2. Am nächsten Tag den Reis im geschlossenen Topf etwa 25 Minuten bei milder Hitze garen, anschließend abgießen.
3. In der Zwischenzeit den Lauch putzen, gründlich waschen und in feine Ringe schneiden. Möhren und Kohlrabi putzen, waschen, schälen und in kleine Würfel schneiden.
4. Die Pilze putzen, waschen, trockentupfen und dann in grobe Stücke schneiden.
5. Die Butter in einem Topf schmelzen lassen, zunächst das Gemüse darin einige Minuten andünsten, dann die Pilze hinzufügen und kurz mitdünsten.
6. Die Brühe unter Rühren dazugießen, den Topf schließen und das Ganze etwa ¼ Stunde köcheln lassen.
7. Den Reis hinzufügen, alles erwärmen und den Liebstöckel hineinrühren. Den Eintopf mit der Petersilie bestreut servieren.
(auf dem Foto: rechts)

ca. 345 kcal • 1445 kJ

Bunte Gemüsesuppe

Zubereitungszeit:
ca. ¾ Stunden

Für 2 Personen

3 Möhren
1 mittelgroße Stange Lauch
300 g Kartoffeln
1 rote Paprikaschote
1 fester Zucchino (ca. 150 g)
1 EL Butter
¾ l vegetarische Gemüsebrühe (aus Instantpulver hergestellt)
2–3 geschälte Knoblauchzehen
etwas Kräutersalz
1 Msp. Cayennepfeffer
3 EL gehackte Blattpetersilie

1. Die Möhren schälen, abspülen, trockentupfen und in dünne Scheiben schneiden. Den Lauch putzen, gründlich waschen und in recht feine Ringe schneiden.
2. Die Kartoffeln schälen, waschen und fein würfeln. Die Paprikaschote waschen, trockenreiben, halbieren, entkernen und ebenfalls fein würfeln.
3. Den Zucchino putzen, waschen, trockenreiben, der Länge nach vierteln und quer in Scheiben schneiden.
4. Die Butter in einem Topf erwärmen und die Möhren bei milder Hitze darin einige Minuten anbraten. Das vorbereitete Gemüse dazugeben und unter Rühren langsam die Brühe hinzugießen.
5. Nach Belieben den Knoblauch dazugeben und alles einmal aufkochen lassen. Den Topf schließen und das Ganze bei geringer Hitze etwa 20 Minuten garen.
6. Die fertige Suppe mit Salz und Cayennepfeffer abschmecken und mit der Petersilie bestreut servieren.

ca. 260 kcal • 1090 kJ

Tip

Tauschen Sie die Gemüsesorten nach Lust und Laune sowie nach saisonalem Angebot aus. Kochen Sie nur keine Tomaten mit, denn die gehören in gegartem Zustand zur Eiweißgruppe.

Grüner Gemüsesalat

Zubereitungszeit:
ca. 1 Stunde

Für 2 Personen

Für den Salat:
400 g festkochende Kartoffeln
300 g Brokkoli
ca. 1 TL Meersalz
100 g frischer Blattspinat
1 feste, reife Avocado
1 grüne Paprikaschote

Für die Sauce:
1 Packung frische Grüne-Soße-Kräuter (Petersilie, Dill, Schnittlauch, Estragon, Kerbel, Sauerampfer etc.)
150 g Sahnedickmilch
150 g Naturjoghurt (3,5% Fett)
ca. 1 TL Kräutersalz

Außerdem:
8 frisch gehackte Walnußkerne
2 EL frisch gehackter Kerbel

1. Die Kartoffeln in reichlich Wasser als Pellkartoffeln garen, anschließend abgießen, leicht abkühlen lassen, dann pellen und in Würfel schneiden.
2. Die Brokkoli putzen, in kleine Röschen zerteilen und waschen. Die Brokkolistiele waschen, schälen und in kleine Stücke schneiden. Das Brokkoligemüse in leicht gesalzenem Wasser etwa ¼ Stunde köcheln lassen, anschließend abgießen und gut abtropfen lassen.
3. In der Zwischenzeit den Spinat verlesen, gründlich waschen und gut abtropfen lassen. Die größeren Blätter etwas zerkleinern.
4. Die Avocado schälen, halbieren, entkernen und längs in schmale Spalten schneiden. Diese quer halbieren. Die Paprikaschote waschen, trockenreiben, vierteln, entkernen und quer in feine Streifen schneiden.
5. Die Kräuter eventuell putzen, gut waschen, trockenschütteln und grob zerkleinern. Die Dickmilch zusammen mit dem Joghurt verrühren und zusammen mit den Kräutern im Mixer pürieren. Die Sauce mit Salz abschmecken.
6. Alle vorbereiteten Zutaten miteinander vermischen. Den Salat mit der grünen Sauce anmachen und mit den Walnüssen sowie dem Kerbel bestreuen.

ca. 650 kcal • 2720 kJ

Beilagentip
Essen Sie zum Salat ein Vollkornbrötchen mit Doppelrahmfrischkäse oder mit Camembert (mind. 60% Fett i. Tr.).

Kartoffelsalat mit Räucherfisch

Zubereitungszeit:
ca. 1 Stunde
Zeit zum Durchziehen:
ca. 1 Stunde

Für 2 Personen

400 g gekochte Pellkartoffeln vom Vortag
5 Frühlingszwiebeln
10 Radieschen
3 geh. EL Sonnenblumenkerne
2 leicht geh. EL Kartoffelstärke
1 EL vegetarische Gemüsebrühe (Instantpulver)
1 große Schillerlocke
4 EL Schnittlauchröllchen
5 EL Soja- oder Mungobohnensprossen

1. Die Kartoffeln pellen und in nicht zu dünne Scheiben schneiden. Die Frühlingszwiebeln und die Radieschen putzen, waschen, trockentupfen und in dünne Ringe bzw. Scheiben schneiden.

2. Die Sonnenblumenkerne in einer trockenen Pfanne leicht anrösten. Alle vorbereiteten Zutaten zusammen mit den Kartoffelscheiben mischen.

3. Die Kartoffelstärke in etwa 250 ml kaltem Wasser auflösen und alles unter Rühren zum Kochen bringen. Das Ganze mit der Brühe würzen und die Sauce noch heiß über den Kartoffelsalat gießen.

4. Die Schillerlocke quer in feine Streifen schneiden und zum Kartoffelsalat geben. Alles miteinander vermischen.

5. Den Salat gut 1 Stunde durchziehen lassen. Die Bohnensprossen kurz in kochendem Wasser blanchieren, abgießen, gut abtropfen lassen und zusammen mit dem Schnittlauch über den Kartoffelsalat geben.

ca. 520 kcal • 2175 kJ

Variation

Statt Schillerlocke können Sie auch Räucherlachs oder geräuchertes Forellenfilet nehmen.

Bauernsalat mit Matjestatar

Zubereitungszeit:
ca. ¾ Stunden
Zeit zum Durchziehen:
mind. ½ Stunde

Für 2 Personen

Für das Tatar:
3 Matjesfilets
1 Zwiebel
1 mürber, süßer Apfel (z. B. Cox Orange)
1 hartgekochtes, gepelltes Eigelb
2 EL saure Sahne

Für den Salat:
1 kleiner Kopf Lollo Rosso
1 rote Paprikaschote
3 feste, reife Tomaten
100 g aufgetaute TK-Maiskörner

Für die Sauce:
3 EL saure Sahne
1 EL vergorenes Molkekonzentrat (Molkosan aus dem Reformhaus)
1 TL Kräutersalz
1 EL kaltgepreßtes Sonnenblumenöl

1. Die Matjesfilets kalt abspülen, trockentupfen und in kleine Würfel schneiden. Die Zwiebel schälen und fein würfeln.
2. Den Apfel schälen, vierteln, das Kerngehäuse entfernen und das Fruchtfleisch ebenfalls in kleine Würfel schneiden. Das Eigelb fein hacken.
3. Die Sahne zusammen mit 2 Eßlöffeln Wasser cremig rühren und zusammen mit den vorbereiteten Zutaten mischen. Das Matjestatar abdecken und mind. ½ Stunde durchziehen lassen.
4. Inzwischen den Lollo Rosso putzen, waschen, trockenschleudern und die Blätter in mundgerechte Stücke zupfen.
5. Die Paprikaschote waschen, trockenreiben, vierteln, entkernen und quer in dünne Streifen schneiden.
6. Die Tomaten waschen, trockenreiben, von den Stielansätzen befreien und achteln. Alle vorbereiteten Salatzutaten zusammen mit dem Mais in einer großen Schüssel mischen.
7. Für die Sauce die Sahne zusammen mit dem Molkosan, Salz, Öl und etwa 100 ml Wasser aufschlagen. Den Salat damit anmachen und zusammen mit dem Matjestatar servieren.

ca. 565 kcal • 2365 kJ

Beilagentip

Essen Sie dazu eine Scheibe Vollkornbrot mit etwas pflanzlichem Brotaufstrich.

Eiweißreiche Hauptgerichte

Gratin „Mexico"

Zubereitungszeit:
ca. 1 Stunde

Für 2 Personen

1 Gemüsezwiebel
2 TL ungehärtetes Kokosfett (aus dem Reformhaus)
1–2 durchgepreßte Knoblauchzehen
200 g Rinderhackfleisch
4 Tomaten
1 grüne Paprikaschote
1 frische, rote Chilischote
200 g TK-Maiskörner
etwas Meersalz
1 TL Sambal Oelek
80 g geriebener Gouda

1. Die Zwiebel schälen, kleinwürfeln und in dem Fett glasig dünsten. Den Knoblauch und das Hackfleisch in kleinen Portionen dazugeben, alles gut anbraten und dann beiseite stellen.
2. Die Tomaten kreuzweise einritzen, in kochendem Wasser kurz überbrühen, enthäuten, halbieren und die Stielansätze entfernen. Das Fruchtfleisch in Stücke schneiden.
3. Paprika- sowie die Chilischote putzen, halbieren, entkernen, beides sorgfältig waschen und quer in feine Streifen schneiden. Den Backofen auf 200 °C vorheizen.
4. Die Tomatenstückchen, die Paprikastreifen und die Maiskörner zum Hackfleisch geben, alles umrühren, nochmals eine Weile anbraten und dann mit dem Salz, dem Sambal und den Chilistreifen kräftig abschmecken.
5. Alles in eine ausreichend große Auflaufform füllen und den Käse darüberstreuen. Das Gratin etwa ½ Stunde überbacken.

ca. 595 kcal • 2490 kJ

Beilagentip

Essen Sie zum Gratin oder als Vorspeise einen Fenchel-Orangen-Salat (S. 82) oder eine Apfel-Möhren-Sellerie-Rohkost (S. 83). Beides sind Eiweißgerichte.

Schaumomelett mit Pilzen

Zubereitungszeit:
ca. ¾ Stunden

Für 2 Personen

Für die Füllung:
1 Zwiebel
200 g frische Waldpilze (z. B. Steinpilze oder Maronen) oder frische Austernpilze
1 EL Butter
½ TL Kräutersalz

Für die Omeletts:
4 frische Eier
6 EL Mineralwasser
2 EL süße Sahne
½ TL Meersalz
etwas edelsüßes Paprikapulver
2 EL kaltgepreßtes Sonnenblumenöl
1 Bund Schnittlauch, in Röllchen geschnitten

1. Die Zwiebel schälen und fein würfeln. Die Pilze putzen, waschen, trockenreiben, je nach Größe zunächst klein- und dann in dünne Scheiben schneiden.
2. Die Butter in einer Pfanne zerlassen, die Zwiebelwürfel darin glasig dünsten, die Pilze hinzufügen und alles unter Rühren kurz schmoren lassen, dann mit dem Salz abschmecken und warm stellen.
3. Die Eier trennen und das Eiweiß steifschlagen. Die Eigelbe zusammen mit Mineralwasser, Sahne, Salz sowie Paprikapulver cremig verrühren und das Eiweiß vorsichtig darunterheben.
4. Etwa 1 Eßlöffel Öl in einer Pfanne erhitzen, die Hälfte der Schaummasse hineingeben und glattstreichen. Die Pfanne abdecken und das Omelett bei schwacher Hitze 6 bis 8 Minuten backen, dann warm stellen.
5. Auf die gleiche Art das andere Omelett zubereiten. Dann je die Hälfte der Pilze auf ein Omelett geben und dieses zusammenklappen. Beide mit den Schnittlauchröllchen bestreuen.

ca. 375 kcal • 1570 kJ

Tip

Wählen Sie dazu einen großen Teller Feldsalat (S. 84, Eiweißgericht) oder vorab eine neutrale „Klare Gemüsesuppe" (S. 80).

Frikadellen mit Mangoldgemüse

Zubereitungszeit:
ca. ¾ Stunden

Für 2 Personen

Für das Gemüse:
600 g frischen Mangold
½ TL Meersalz
1 Zwiebel
1½ EL Butter
2 TL vegetarische Gemüsebrühe (Instantpulver)
5 EL süße Sahne

Für die Frikadellen:
2 Möhren
1 Zwiebel
300 g Rinderhackfleisch
1 frisches Eigelb
2 TL Kräutersalz
2 EL fein gehackte Kräuter (z. B. Petersilie, Thymian, Majoran oder Rosmarin)
2 EL ungehärtetes Kokosfett (aus dem Reformhaus)

1. Von den Mangoldstielen die festen, faserigen Teile abziehen, dann die Blätter gut waschen, trockentupfen und quer in feine Streifen schneiden.
2. Das Gemüse in wenig, leicht gesalzenem Wasser etwa 10 Minuten garen und anschließend abgießen.
3. In der Zwischenzeit die Möhren putzen, waschen, trockenreiben und fein reiben. Die Zwiebel schälen und sehr fein hacken.
4. Das Hackfleisch in eine Schüssel geben und zusammen mit Eigelb, Salz, Zwiebelwürfeln, Möhrenraspel und Kräutern sorgfältig mischen.
5. Aus dem Fleischteig mit feuchten Händen 4 Frikadellen formen und sie im heißen Fett so lange von beiden Seiten braten, bis sie schön braun sind, dann warm stellen.
6. Die Zwiebel schälen, in feine Würfel schneiden, in der zerlassenen Butter glasig dünsten und das Mangoldgemüse dazugeben. Alles mit der Brühe abschmecken und mit der Sahne verfeinern.
7. Die Frikadellen zusammen mit dem Mangold anrichten. Das Gericht sofort servieren.

ca. 785 kcal • 3285 kJ

Variation

Statt dem Mangold kann die gleiche Menge junger Spinat genommen werden. Die Kochzeit ist dann erheblich kürzer. Beide können auch als TK-Blattgemüse Verwendung finden.

Mangoldrouladen mit Stielgemüse

Zubereitungszeit:
ca. 1½ Stunden
Einweichzeit:
ca. 20 Minuten

Für 2 Personen

Für die Rouladen:
ca. 15 g getrocknete Steinpilze
8 große Blätter Mangold
2 EL ungehärtetes Kokosfett (aus dem Reformhaus)
1 Möhre und 1 Zwiebel
300 g Rinderhackfleisch
1 frisches Eigelb
2 TL Kräutersalz
1 Zwiebel
½ l vegetarische Gemüsebrühe (aus Instantpulver zubereitet)
4 Blättchen fein gehackter Liebstöckel
½ TL Muskatnußpulver
1 TL getrockneter Majoran
4 EL süße Sahne
2–3 Meßlöffel pflanzliches Bindemittel (z. B. Nestargel aus dem Reformhaus) nach Belieben

Für das Gemüse:
8 Stiele der Mangoldblätter
1 EL Butter
1–2 TL vegetarische Gemüsebrühe (Instantpulver)
¼ TL geriebene Muskatnuß
1 durchgepreßte Knoblauchzehe
4 EL fein gehackte Petersilie

1. Die Pilze kurz abspülen, mit Wasser bedecken und 20 Minuten einweichen.
2. Inzwischen von den Mangoldblättern die dicken Stiele abschneiden und beiseite legen. Die Blätter waschen, in kochendem Wasser kurz blanchieren und jeweils 2 Blätter leicht überlappend auf einer Arbeitsfläche ausbreiten.
3. Die Möhre putzen, waschen und fein reiben. Die Zwiebel schälen und sehr fein hacken.
4. Das Hackfleisch in eine Schüssel geben und zusammen mit Eigelb, Salz, Zwiebelwürfeln und Möhrenraspeln mischen.
5. Aus dem Fleischteig mit angefeuchteten Händen 4 gleich große Röllchen formen, diese auf die Blätter verteilen, alles aufrollen und mit je einem Zwirnsfaden umwickeln.
6. Das Fett in einem Bräter erhitzen, die Rouladen darin bei nicht zu starker Hitze von allen Seiten anbraten und beiseite stellen.
7. Die zweite Zwiebel schälen, in Würfel schneiden und zu den Rouladen geben. Alles erneut erhitzen, leicht bräunen lassen, dann die Brühe angießen. Die Pilze mitsamt dem Einweichwasser sowie alle Würzzutaten hinzufügen.
8. Die Rouladen im geschlossenen Bräter bei nicht zu starker Hitze etwa ¾ Stunden köcheln lassen.
9. In der Zwischenzeit die Mangoldstiele waschen, die faserigen Teile abziehen, das Gemüse der Länge nach vierteln, quer in mundgerechte Stücke schneiden und in der Butter andünsten.
10. Das Ganze mit 100 ml Wasser auffüllen, mit Brühe und Muskatnuß würzen und nach Belieben den Knoblauch dazugeben. Den Topf schließen und das Gemüse bei milder Hitze 10 bis 15 Minuten garen.
11. Den Bratenfond der Rouladen nach Belieben binden (nach Packungsanweisung verfahren). Das Stielgemüse mit der Petersilie bestreuen und zu den Rouladen reichen.

ca. 800 kcal • 3345 kJ

Rouladen mit Schafskäsefüllung

Zubereitungszeit:
ca. 2 Stunden

Für 2 Personen

80 g Schafskäse, in Lake eingelegt
2–3 EL Pinienkerne
2 EL gehackte Blattpetersilie
1 fein gehackte Knoblauchzehe
1 rote Paprikaschote
100 g frische Champignons
2 Rinderrouladen
1 große Zwiebel
1½ EL ungehärtetes Kokosfett (aus dem Reformhaus)
¼ l trockener Weißwein
½ l vegetarische Gemüsebrühe (aus Instantpulver zubereitet)
ca. 10 g getrocknete Steinpilze
1 Lorbeerblatt
nach Belieben 4–5 Meßlöffel pflanzliches Bindemittel (z. B. Nestargel aus dem Reformhaus)
5 EL süße Sahne

1. Den Schafskäse mit einer Gabel zerdrücken. Pinienkerne, Petersilie und Knoblauch in einen Mörser geben und alles zu einer groben Paste zerreiben.
2. Die Paprikaschote waschen, trockenreiben, halbieren, entkernen und sehr klein würfeln.
3. Die Pilze putzen, waschen, trockenreiben und fein hacken. Alle vorbereiteten Zutaten miteinander vermischen.
4. Die Rouladen kurz abspülen, trockentupfen, ausbreiten, mit der Käsepaste bestreichen, möglichst fest zusammenrollen und mit Holzspießchen feststecken.
5. Die Zwiebel schälen und hacken. Das Fett in einem Bräter erhitzen, die Rouladen darin rundherum braun anbraten, die Zwiebelwürfel dazugeben und kurz mitbraten.
6. Wein und Brühe angießen, Pilze und Lorbeerblatt hineingeben, den Bräter verschließen und das Ganze etwa 1½ Stunden köcheln lassen. Das Lorbeerblatt herausnehmen.
7. Den Bratenfond nach Belieben binden (nach Packungsanweisung verfahren) und mit der Sahne verfeinern.

ca. 895 kcal • 3745 kJ

Beilagentip

Essen Sie dazu einen Spinat „Nancy" (S. 79) oder einen Tomatensalat „Korsika" (S. 86). Beide Gerichte sind neutral.

Tip

Sollten Sie etwas Käsefüllung übrig haben, rühren Sie diese später einfach unter die fertige Sauce.

Blitzgulasch

Zubereitungszeit:
ca. 35 Minuten

Für 2 Personen

300 g Rinder- oder Lammlende
2 EL kaltgepreßtes Sonnenblumenöl
1 Zwiebel
5 vollreife Tomaten
2 TL edelsüßes Paprikapulver
1 TL Meersalz
½ TL Cayennepfeffer
4 EL süße Sahne

1. Die Lende kurz waschen, trockentupfen und das Fleisch in kleine Würfel (ca. 1½ x 1½ cm) schneiden.
2. Das Öl in einer Pfanne erhitzen und das Fleisch kurz darin anbraten. Es soll außen gebräunt, innen noch rosig sein. Dann die Fleischwürfel aus der Pfanne nehmen und beiseite stellen.
3. Die Tomaten kreuzweise einritzen, kurz in kochendem Wasser überbrühen, enthäuten, von den Stielansätzen befreien und in kleine Würfel schneiden.
4. Die Zwiebel schälen, halbieren, quer in dünne Scheiben schneiden, in dem restlichen Bratfett anbraten und die Tomatenwürfel sowie etwa 150 ml Wasser hinzufügen.
5. Das Ganze umrühren, mit den Würzzutaten abschmecken und etwa 5 Minuten köcheln lassen. Dann die Fleischstücke dazugeben, alles kurz erhitzen und mit der Sahne verfeinern.

ca. 510 kcal • 2135 kJ

Beilagentip

Wir empfehlen zum Gulasch „Tomaten mit Champignon-Käse-Füllung" (S. 74, Eiweißgericht) oder gedämpften Brokkoli (neutral).

Lammkoteletts mit jungem Gemüse

Zubereitungszeit:
ca. 40 Minuten

Für 2 Personen

Für das Gemüse:
300 g junge Möhren
1 junger Kohlrabi
250 g frische, grüne Bohnen
1 EL Butter
2 TL vegetarische Gemüsebrühe (Instantpulver)
1 Stengel Bohnenkraut

Für die Koteletts:
4 einfache Lammkoteletts
etwas Meersalz
1 TL Paprikapulver
1½ EL ungehärtetes Kokosfett (Reformhaus)

Außerdem:
3 EL gehackte Petersilie

1. Möhren und Kohlrabi schälen, abspülen, trockentupfen und beides in kleine Würfel schneiden.
2. Die Bohnen putzen, von Fäden befreien, waschen, gut abtropfen lassen und in 3 cm lange Stücke brechen.
3. Die Butter in einem Topf schmelzen lassen und unter Rühren das Gemüse darin andünsten. Etwa ⅛ l Wasser dazugeben, alles mit der Brühe abschmecken und das Bohnenkraut dazugeben.
4. Den Topf schließen und das Gemüse etwa ¼ Stunde bei geringer Hitze garen.
5. In der Zwischenzeit die Koteletts kalt abspülen, trockentupfen, mit einem Löffel flachstreichen und mit Salz sowie Paprikapulver von beiden Seiten würzen.
6. Das Fett in einer Pfanne erhitzen und die Koteletts von jeder Seite etwa 4 Minuten braten. Sie danach zusammen mit dem Gemüse anrichten und alles mit der Petersilie bestreuen.

ca. 495 kcal • 2070 kJ

Tip

Als Beilage können Sie jedes neutrale, junge Gemüse der Saison verwenden.

Entenbrust mit Orangen-Fenchel-Gemüse

Zubereitungszeit:
ca. 1¼ Stunden

Für 2 Personen

Für die Brust:
2 Entenbrustfilets mit Haut
etwas Meersalz

Für die Marinade:
Saft von 1 Orange
1 EL kaltgepreßtes Sonnenblumenöl
1 EL Worcestersauce
je ½ TL Piment- und Gewürznelkenpulver
1 TL Meersalz
2 EL Sherry

Für das Gemüse:
3 Orangen
2 mittelgroße Fenchelknollen
1½ EL Butter
3 EL süße Sahne

Für die Sauce:
1 Schuß Sherry
2 EL Crème fraîche

1. Den Backofen auf 180 °C vorheizen. Die Entenbrustfilets kalt abspülen, mit Küchenkrepp trockentupfen und mit etwas Salz einreiben.
2. In eine Fettpfanne etwa ¼ l Wasser geben und die beiden Brustfilets mit der Hautseite nach oben hineinlegen.
3. Die Pfanne auf der mittleren Schiene in den Ofen schieben und die Entenbrust etwa 40 Minuten braten.
4. Die Zutaten für die Marinade miteinander verrühren und die Filets damit während des Bratens öfter einpinseln. Die restliche Marinade für später beiseite stellen.
5. In der Zwischenzeit von den Orangen die gesamte Schale so abschneiden, daß auch die weiße Haut entfernt wird, die Filets zwischen den Trennhäuten herausschneiden und die verbleibenden Fruchtreste mit der Hand auspressen. Dabei den Saft auffangen.
6. Den Fenchel putzen, waschen, trockenreiben, das Fenchelgrün abschneiden, die Knollen halbieren und längs in dünne Streifen schneiden. Das Fenchelgrün sehr fein hacken und beiseite stellen.
7. Die Butter in einem Topf schmelzen lassen und die Fenchelstreifen darin dünsten. Dann den Orangensaft mit Wasser auf 150 ml auffüllen und angießen. Das Gemüse 15 bis 20 Minuten bei kleiner Hitze garen.
8. Die Entenbrustfilets aus der Pfanne nehmen und warm stellen. Vom Bratenfond mit einem Löffel das Fett abnehmen und den Fond in einen Topf gießen.
9. Die restliche Marinade in den Bratfond rühren und alles mit einem Schuß Sherry abschmecken. Die Sauce mit der Crème fraîche leicht binden und warm halten.
10. Die Sahne unter das Fenchelgemüse rühren und die Orangenfilets dazugeben. Alles mit dem Fenchelgrün bestreuen.
11. Die Brustfilets in dünne Scheiben schneiden und mit der Sauce sowie dem Gemüse servieren.

ca. 355 kcal • 3575 kJ

Variation

Statt Ente können Sie auch Puten- oder Hähnchenbrustfilets verwenden. Die Garzeiten sind dann etwas kürzer.

Hähnchengeschnetzeltes mit Ingwer

Zubereitungszeit:
ca. 50 Minuten

Für 2 Personen

300 g Hähnchenbrustfilets
2 Stangen Staudensellerie
4 Frühlingszwiebeln
150 g Brokkoliröschen
1 rote Paprikaschote
150 g frische Austernpilze
1½ EL kaltgepreßtes Sonnenblumenöl
1 TL Korianderpulver
1–2 TL Kräutersalz
1 EL frisch geriebener Ingwer
1–2 TL mildes Currypulver
4 EL saure Sahne
100 g frische, gut gewaschene Mungobohnensprossen

1. Das Hähnchenfleisch waschen, trockentupfen und quer in schmale Streifen schneiden.
2. Den Sellerie und die Frühlingszwiebeln putzen, waschen und in dünne Scheiben bzw. schmale Ringe schneiden. Den Brokkoli putzen, waschen und abtropfen lassen.
3. Die Paprikaschote waschen, trockenreiben, vierteln, entkernen und quer in Streifen schneiden. Die Pilze putzen, waschen, trockenreiben und in dünne Streifen schneiden.
4. Das Öl in einer Pfanne erhitzen und das Hähnchenfleisch unter ständigem Rühren darin anbraten. Gemüse und Pilze dazugeben und alles mit den Würzzutaten abschmecken.
5. Etwa 150 ml Wasser dazugießen, das Ganze aufkochen lassen und 10 bis 15 Minuten dünsten.
6. Das Ganze nochmals mit etwas Currypulver abschmecken. Die Sahne hineinrühren und die Sprossen darüberstreuen.

ca. 345 kcal • 1445 kJ

Vorspeisentip

Wir empfehlen eine Apfel-Möhren-Sellerie-Rohkost (S. 83, Eiweißgericht).

Hähnchen-Gemüse-Gulasch

Zubereitungszeit:
ca. 50 Minuten

Für 2 Personen

1 mittelgroße Stange Lauch
100 g kleine, frische Champignons
3 Möhren
1 säuerlicher Apfel (z. B. Boskop)
300 g Hähnchenbrustfilets
1½ EL kaltgepreßtes Sonnenblumenöl
100 g frische, grüne Erbsen, ersatzweise TK-Ware
1 TL Kräutersalz
2 TL rosenscharfes Paprikapulver
5 EL süße Sahne
100 g frische, gut gewaschene Linsenkeimlinge
2 TL fein gehackter Kerbel

1. Das Gemüse putzen, waschen und trockenreiben. Den Lauch in schmale Ringe schneiden, die Champignons halbieren, die Möhren der Länge nach vierteln und quer in etwa 4 cm lange Stifte schneiden.
2. Den Apfel schälen, vierteln, entkernen und die Viertel grob würfeln.
3. Das Hähnchenfleisch waschen, trockentupfen und in 2½ cm große Würfel schneiden. Das Öl in einer Pfanne erhitzen und das Fleisch darin von allen Seiten anbraten.
4. Vorbereitetes Gemüse, Erbsen und Apfelwürfel hinzufügen und alles unter Rühren etwa 10 Minuten schmoren lassen. Das Ganze mit Salz und Paprikapulver abschmecken.
5. Die Sahne zusammen mit etwa 100 ml Wasser mischen und alles zum Gulasch gießen. Den Topf schließen und das Ganze bei geringer Hitze weitere 10 Minuten köcheln lassen. Anschließend die Keimlinge sowie den Kerbel darüberstreuen.

ca. 460 kcal • 1925 kJ

Vorspeisentip

Essen Sie als Vorspeise eine neutrale Möhrenfrischkost (S. 87).

Geflügel-Blumenkohl-Suppe

Zubereitungszeit:
ca. 1 Stunde

Für 2 Personen

2 Stangen Lauch
100 g Sellerieknolle
300 g Hähnchenbrustfleisch
1 Lorbeerblatt
¾ l vegetarische Gemüsebrühe (aus Instantpulver zubereitet)
400 g Blumenkohl
½ TL frisch geriebene Muskatnuß
2 TL mildes Currypulver
5 EL süße Sahne

1. Lauch sowie Sellerie putzen, waschen und in feine Ringe bzw. kleine Würfelchen schneiden.
2. Das Hähnchenfleisch abwaschen, trockentupfen und zusammen mit dem vorbereiteten Gemüse sowie dem Lorbeerblatt in der Brühe aufkochen. Alles etwa 20 Minuten zugedeckt köcheln lassen.
3. In der Zwischenzeit den Blumenkohl putzen, in kleine Röschen teilen und waschen.
4. Das Hähnchenfleisch und das Lorbeerblatt aus der Brühe nehmen und beiseite stellen. Das Gemüse in der Brühe mit dem Schneidstab pürieren.
5. Die Blumenkohlröschen in die Suppe geben. Das Hähnchenfleisch in kleine Würfel schneiden und ebenfalls hineingeben. Alles bei nicht zu starker Hitze etwa ¼ Stunde kochen.
6. Die Suppe mit Muskatnuß- sowie Currypulver abschmecken und mit der Sahne verfeinern.
(auf dem Foto oben)

ca. 340 kcal • 1425 kJ

Zucchini-Fisch-Suppe

Zubereitungszeit:
ca. ½ Stunde

Für 2 Personen

600 g kleine, feste Zucchini
400 g Goldbarschfilet (Rotbarsch)
½ l vegetarische Gemüsebrühe (aus Instantpulver zubereitet)
¼ l trockener Weißwein
1 durchgepreßte Knoblauchzehe
6 EL süße Sahne
1 kleines Bund Dill

1. Die Zucchini putzen, waschen, trockenreiben und auf einer Rohkostreibe grob raspeln.
2. Das Fischfilet kalt abspülen, trockentupfen und in Portionsstücke schneiden.
3. Beides zusammen in einen Topf geben und die Brühe sowie den Wein dazugießen. Den Knoblauch dazugeben. Den Topf schließen und das Ganze etwa ¼ Stunde leicht köcheln lassen.
4. Den Dill waschen, trockenschwenken, von festen Stielen befreien und fein hacken. Die Sahne unter die Suppe rühren und diese mit dem Dill bestreut servieren.
(auf dem Foto unten)

ca. 535 kcal • 2240 kJ

Vorspeisentip

Essen Sie vorweg einen Fenchel-Orangen-Salat (S. 82, Eiweißgericht).

Feine Fischsuppe

Zubereitungszeit:
ca. 50 Minuten

Für 2 Personen

1 Zwiebel
1 Stange Lauch
4 Tomaten
1 rote Paprikaschote
1 frische Peperoni
1½ EL Butter
je 1 TL Kümmelpulver und getrockneter Thymian
¾ l vegetarische Gemüsebrühe (aus Instantpulver zubereitet)
400 g Fischfilets (z. B. Heilbutt, Schellfisch)
etwas Meersalz
3 EL saure Sahne

1. Die Zwiebel schälen, den Lauch putzen und gründlich waschen. Beides in feine Ringe schneiden.
2. Die Tomaten kreuzweise einritzen, kurz in kochendem Wasser überbrühen, enthäuten, von den Stielansätzen befreien und in Würfel schneiden.
3. Die Paprikaschote waschen, trockenreiben, halbieren, entkernen und fein würfeln. Die Peperoni halbieren, entkernen und kleinhacken.
4. Die Butter in einem Topf schmelzen lassen und das vorbereitete Gemüse darin unter Rühren andünsten. Kümmel sowie Thymian hinzufügen und die Brühe dazugießen. Den Topf schließen und alles etwa 5 Minuten dünsten.
5. Inzwischen den Fisch waschen, trockentupfen, in mundgerechte Stücke schneiden, leicht salzen, zum Gemüse geben und die Suppe weitere 8 bis 10 Minuten köcheln lassen.
6. Die Fischsuppe auf 2 Teller verteilen und in die Mitte jeweils einen Klecks saure Sahne geben.

ca. 415 kcal • 1735 kJ

Variation

Wenn Sie Lust haben, geben Sie einige gekochte Tiefseegarnelen in die Suppe.

Lachsforelle in Weißweinsud

Zubereitungszeit: ca. 1¼ Stunden

Für 4 Personen

600 ml trockener Weißwein
1 Bund Suppengrün
1 Zwiebel
2–3 Petersilienstengel
2 TL frisch gehackter Thymian
2 Lorbeerblätter
2 TL Meersalz
4 Scheiben einer unbehandelten Zitrone
1 große, küchenfertige Lachsforelle (ca. 1,7 kg)
4 EL Zitronensaft
1 Petersiliensträußchen

1. Etwa 1½ l Wasser zusammen mit dem Wein mischen und alles in einem Bräter zum Kochen bringen. Den Backofen auf 200 °C vorheizen.
2. Inzwischen das Suppengrün putzen, waschen und in Stücke schneiden. Die Zwiebel schälen und grob würfeln. Die Petersilienstengel waschen. Das vorbereitete Gemüse sowie Petersilie, Thymian, Lorbeerblätter, etwa 1 Teelöffel Salz und Zitronenscheiben in den Sud geben und alles etwa 20 Minuten köcheln lassen.
3. In der Zwischenzeit den Fisch säubern, abwaschen, trockenreiben, innen mit dem Zitronensaft beträufeln und salzen.
4. Den Fisch in den Sud legen, den Bräter verschließen, in den Ofen stellen und die Forelle in etwa 20 Minuten garziehen lassen. Dann den Ofen ausschalten und alles noch gut 10 Minuten ziehen lassen.
5. Das Petersiliensträußchen abspülen, trockentupfen. Den fertigen Fisch aus dem Sud nehmen, kurz abtropfen lassen, auf einer vorgewärmten Platte anrichten und mit der Petersilie garnieren.

ca. 155 kcal • 650 kJ

Beilagentip

Essen Sie zur Forelle Tomaten mit Champignon-Käse-

Kräuterforelle auf Gemüsebett

Zubereitungszeit: ca. 1 Stunde

Für 2 Personen

1 Bund Frühlingszwiebeln
200 g frische Champignons
1 rote Paprikaschote
1½ EL Butter
¼ l trockener Weißwein
1 TL Kräutersalz
2 küchenfertige Forellen (à ca. 350 g)
1 TL Meersalz
2 Kräutersträußchen (z. B. mit Kerbel, Rosmarin, Salbei, Oregano, Dill oder Blattpetersilie)
2 unbehandelte Limetten

1. Die Frühlingszwiebeln und die Pilze putzen, waschen und trockenreiben. Beides in feine Ringe bzw. in dünne Scheiben schneiden.
2. Die Paprikaschote waschen, trockenreiben, vierteln, entkernen und quer in schmale Streifen schneiden. Den Backofen auf 200 °C vorheizen.
3. In einer Pfanne die Butter schmelzen lassen und das Gemüse darin andünsten. Das Ganze mit dem Wein ablöschen, mit Kräutersalz abschmecken und in eine feuerfeste Form geben.
4. Die Forellen kalt abspülen, trockentupfen und innen sowie außen salzen. In die Bauchöffnung je ein Kräutersträußchen stecken und die Fische auf das Gemüse legen.
5. Die Limetten heiß abwaschen, trockenreiben, in dünne Scheiben schneiden und rundherum um den Fisch legen.
6. Dann die Auflaufform mit Alufolie gut verschließen, auf der mittleren Schiene in den Ofen schieben und das Ganze etwa 25 Minuten garen.

ca. 310 kcal • 1295 kJ

Beilagentip

Essen Sie dazu einen Salat aus der Eiweißgruppe (S. 82 bis 85).

Lachssteak mit Zwiebel-Apfel-Sauce

Zubereitungszeit:
ca. 35 Minuten

Für 2 Personen

Für die Steaks:
2 Lachssteaks (à 200 g)
2 EL Zitronensaft
½ TL Meersalz
1½ EL weiche Butter
2 Majoranzweige

Für die Sauce:
½ Rezept Zwiebel-Apfel-Sauce S. 136

1. Den Backofen auf 200 °C vorheizen. Die Lachssteaks waschen, trockentupfen, mit dem Zitronensaft beträufeln und mit etwas Salz bestreuen.
2. Dann 2 ausreichend große Stücke Alufolie sehr gut mit der Butter bestreichen und die Lachssteaks darauf legen. Den Majoran abspülen, trockentupfen, auf den Fisch legen und die Folie gut verschließen.
3. Die Steaks auf das Gitter im Ofen legen (mittlere Schiene) und ungefähr ¼ Stunde garen. Danach den Ofen ausschalten, die Ofentür leicht öffnen und den Fisch noch etwa 8 Minuten ziehen lassen.
4. Während der Fisch im Ofen ist, die Zwiebel-Apfel-Sauce entsprechend der Zubereitungsanweisung auf S. 136 herstellen.
5. Die Steaks aus der Folie nehmen, auf vorgewärmten Tellern anrichten, den Majoran entfernen und die Sauce zum Fisch servieren.

ca. 675 kcal • 2825 kJ

Beilagentip

Essen Sie zum Lachs einen Feldsalat mit fruchtiger Sauce (S. 84).

Tip

Die Lachssteaks lassen sich auch prima auf einem Grill zubereiten. Sie sollten Sie dabei einmal wenden.

Hummerkrabben vom Grill

Zubereitungszeit:
ca. 25 Minuten
Zeit zum Marinieren:
ca. 2 Stunden

Für 2 Personen

8–10 frische Hummerkrabben
5 EL kaltgepreßtes Sonnenblumenöl
2 Msp. Cayennepfeffer
1 TL Meersalz
1–2 durchgepreßte Knoblauchzehen

1. Die Hummerkrabben schälen, die Rücken leicht einschneiden und die schwarzen Därme herauslösen. Das Krabbenfleisch kalt abspülen und trockentupfen.
2. Dann aus dem Öl und den Würzzutaten eine Marinade anrühren. Die Krabben hineinlegen, alles abdecken, kühl stellen und etwa 2 Stunden durchziehen lassen.
3. Anschließend die Krabben etwas abtropfen lassen. Einen Grill mit Alufolie belegen und die Krabben etwa 10 Minuten grillen. Zwischendurch einmal wenden.

ca. 410 kcal • 1715 kJ

Beilagentips

- Als Sauce paßt gut ein Kokosrelish (S. 136).
- Essen Sie dazu einen Fenchel-Orangen-Salat (S. 82) oder einen Spinat „Nancy" (S. 79). Beides sind Eiweißgerichte.

Tip

Die Krabben lassen sich auf einem Holzkohle- oder einem Elektrogrill zubereiten. Sie können sie aber auch bei mäßiger Hitze in einer beschichteten Pfanne braten.

Gegrillte Makrele

Zubereitungszeit:
ca. ¾ Stunden

Für 2 Personen

2 unbehandelte Limetten
2 EL kaltgepreßtes Sonnenblumenöl
6 EL frisch gehackte Kräuter (z. B. Rosmarin, Thymian, Salbei, Majoran, Dill, Kerbel oder Blattpetersilie)
2 kleine, küchenfertige Makrelen (à ca. 400 g)
1 TL Meersalz

1. Die Limetten heiß abwaschen, trockenreiben und in dünne Scheiben schneiden.
2. Zwei ausreichend große Stücke Alufolie mit dem Öl bestreichen, mit den Limettenscheiben belegen und die Kräuter darüberstreuen.
3. Die Fische kalt abspülen, trockentupfen, innen und außen salzen, auf die Limettenscheiben legen und einzeln einpacken. Das Ganze sollte gut verschlossen sein.
4. Die Fische von jeder Seite ungefähr 10 Minuten grillen.
(auf dem Foto: oben)

ca. 510 kcal • 2135 kJ

Hinweis

Sie können die Fische auf einem Holzkohle-, einem Elektrogrill oder auch im Backofen mit Grillfunktion zubereiten.

Sizilianisches Fischgratin

Zubereitungszeit:
ca. 1 Stunde

Für 2 Personen

1 mittelgroßer Endiviensalat
1 Zwiebel
1 EL kaltgepreßtes Olivenöl
1 Knoblauchzehe
½ TL Meersalz
400 g Rotbarschfilet
300 ml vegetarische Gemüsebrühe (aus Instantpulver zubereitet)
200 ml trockener Weißwein
1 Lorbeerblatt
1 EL frische Thymianblättchen
1 Fleischtomate
1 unbehandelte Limette
4 EL süße Sahne
60 g geriebener Parmesankäse

1. Den Salat putzen, waschen, in breite Streifen schneiden und abtropfen lassen. Die Zwiebel schälen und in dünne Scheiben schneiden.
2. Das Öl in einem Topf erhitzen und die Zwiebeln darin goldgelb dünsten. Den Knoblauch dazugeben.
3. Den Endiviensalat hinzufügen, den Topf schließen und alles so lange dünsten, bis der Salat gerade zusammengefallen ist. Das Ganze mit dem Salz leicht abschmecken.
4. Das Rotbarschfilet kalt abspülen, trockentupfen und in Portionsstücke schneiden. Die Brühe zusammen mit dem Wein und dem Lorbeerblatt aufkochen und die Fischstücke darin etwa 8 Minuten bei schwacher Hitze ziehen lassen.
5. Den Backofen auf 180 °C vorheizen. Den Endiviensalat in eine feuerfeste Form geben, den Thymian darüberstreuen und die Fischstücke darauf legen.
6. Die Tomate waschen, trockenreiben, vom Stielansatz befreien und quer in dünne Scheiben schneiden. Die Limette heiß abwaschen und ebenfalls in dünne Scheiben schneiden. Beides zwischen die Fischstücke legen.
7. Von dem Fischsud etwa ¼ l abnehmen, mit der Sahne verfeinern und alles über den Fischgratin gießen.
8. Das Ganze mit dem Parmesankäse bestreuen und auf der mittleren Schiene im Ofen etwa ¼ Stunde überbacken.
(auf dem Foto: unten)

ca. 570 kcal • 2385 kJ

Beilagentip

Essen Sie zum Fischgratin einen Salat oder eine Rohkost aus der Eiweißgruppe.

Chefsalat

Zubereitungszeit:
ca. ¾ Stunden

Für 2 Personen

Für den Salat:
200 g frische, grüne Bohnen
½ TL Meersalz
1 Stengel Bohnenkraut
300 g Putenbrustfilets
2 EL kaltgepreßtes Sonnenblumenöl
½ TL Kräutersalz
½–1 TL edelsüßes Paprikapulver
½ kleiner Eisbergsalat
3 reife Tomaten
1 Bund Radieschen
½ Salatgurke
1 geschälte, halbierte Knoblauchzehe
1 kleine Zwiebel
6 grüne Oliven, mit Paprikastreifen gefüllt

Für die Sauce:
175 g Sahnedickmilch
1–2 TL vergorenes Molkekonzentrat (Molkosan aus dem Reformhaus)
1 TL Kräutersalz
1 TL Frutilose (Obstdicksaft aus dem Reformhaus)
3 EL fein gehackte Kräuter (z. B. Schnittlauch, Dill, Petersilie oder Kerbel)

1. Die Bohnen putzen, von den Fäden befreien, waschen, in etwa 4 cm lange Stücke schneiden, in leicht gesalzenem Wasser zusammen mit dem Bohnenkraut etwa 18 Minuten garen.
2. Inzwischen das Geflügelfleisch waschen, trockentupfen, in dünne Scheiben schneiden und im erhitzten Öl rundherum etwa 5 Minuten lang braten. Es anschließend salzen, mit dem Paprikapulver bestäuben und abkühlen lassen.
3. Den Salat putzen, waschen, die Blätter in mundgerechte Stücke zupfen und vorsichtig trockenschleudern.
4. Die Tomaten waschen, trockenreiben, die Stengelansätze entfernen und die Früchte vierteln.
5. Die Radieschen waschen, trockentupfen und in hauchdünne Scheiben schneiden. Die Gurke schälen, längs vierteln und quer in dünne Stücke schneiden.
6. Eine Salatschüssel mit dem Knoblauch ausreiben und die vorbereiteten Salatzutaten hineingeben. Die Zwiebel schälen und in dünne Ringe schneiden.
7. Die Dickmilch zusammen mit dem Molkekonzentrat, dem Salz und der Frutilose gut verrühren. Die Kräuter dazugeben und den Salat mit der Sauce anmachen.
8. Zum Schluß das Geflügelfleisch darauf verteilen und das Ganze mit den Oliven sowie den Zwiebelringen garnieren.
(auf dem Foto: links)

ca. 435 kcal • 1820 kJ

Tips

- Servieren Sie zu dem Salat gut gekühlte Melonenspalten, wenn die Früchte Saison haben.
- Reichern Sie den Salat nach Belieben mit frischen Keimen oder Sprossen an.

Fruchtiger Käsesalat

Zubereitungszeit:
ca. ½ Stunde
Zeit zum Durchziehen:
ca. ¼ Stunde

Für 2 Personen

Für den Salat:
2 kleine, reife Netzmelonen
1 kleiner Kopf Friséesalat
½ Salatgurke
250 g frische Erdbeeren
160 g halbfester Schnittkäse (z. B. Deutscher Butterkäse, Passendale aus Belgien oder Fol Epi Käse aus Frankreich)

Für die Sauce:
Saft von 1 Orange
1 Msp. Cayennepfeffer
1 EL Frutilose (Obstdicksaft aus dem Reformhaus)
1 TL Kräutersalz
3 EL ungeschwefelte Rosinen
4 EL Wodka oder Orangensaft

1. Von den Melonen je einen Deckel abschneiden und das Fruchtfleisch mit Kugelausstecher herauslösen.
2. Den Salat putzen, waschen, sehr gut abtropfen lassen und in kleine Stücke zerpflücken. Die Gurke schälen, der Länge nach vierteln und quer in dünne Scheiben schneiden.
3. Die Erdbeeren putzen, waschen und trockentupfen. Große Beeren halbieren oder vierteln. Den Käse entrinden, in kleine Würfel schneiden und zusammen mit den vorbereiteten Salatzutaten mischen.
4. Alle Saucenzutaten gut miteinander verrühren. Den Salat damit anmachen, etwa ¼ Stunde ziehen lassen. Den Salat nach Belieben in den Melonen anrichten.
(auf dem Foto: rechts)

ca. 635 kcal • 2660 kJ

Fitmachersalat

Zubereitungszeit:
ca. 25 Minuten

Für 2 Personen

Für den Salat:
1 kleiner Eisbergsalat
1 kleiner Kohlrabi
2 Möhren
2 säuerliche Äpfel
2 EL Zitronensaft
20 grüne Weintrauben

Für die Sauce:
1 ½ EL Zitronensaft
1 EL abgeriebene Schale einer unbehandelten Zitrone
100 ml frisch gepreßter Orangensaft
1 EL kaltgepreßtes Sonnenblumenöl
4 EL süße Sahne
1 EL Wodka oder Orangensaft
einige Tropfen Tabasco
1 EL Frutilose (Obstdicksaft aus dem Reformhaus)
etwas Meersalz

Außerdem:
120 g Gouda oder Bergkäse
5 EL Soja- oder Mungobohnensprossen

1. Den Salat putzen, waschen, gut abtropfen lassen und die Blätter etwas kleiner zupfen. Kohlrabi und Möhren schälen, abspülen, trockentupfen und in feine Stifte hobeln.
2. Die Äpfel waschen, trockenreiben, vierteln, entkernen und in kleine Würfel schneiden. Diese sofort mit dem Zitronensaft beträufeln.
3. Die Trauben waschen, trockentupfen, halbieren und entkernen. Alle vorbereiteten Zutaten miteinander vermischen.
4. Für die Sauce den Zitronensaft zusammen mit der Zitronenschale und dem Orangensaft verrühren. Öl und Sahne darunterschlagen, alles mit 4 Eßlöffeln Wasser verdünnen und mit Wodka oder Orangensaft, Tabasco, Frutilose sowie Salz abschmecken.
5. Die Sauce unter den Salat mischen. Den Käse in feine Streifen schneiden und auf den Salat geben. Die Keimlinge kurz in kochendem Wasser blanchieren, dann abschrecken, trockenschwenken und darüberstreuen.

ca. 550 kcal • 2300 kJ

Vorspeisentip

Wir empfehlen vorab eine neutrale „Klare Gemüsesuppe“ (S. 80).

Gerichte für Gäste

Gemüseraclette

Vorbereitungszeit: ca. 40 Minuten

Für 4 Personen

je 1 rote und gelbe Paprikaschote
6 Frühlingszwiebeln
200 g frische Champignons
400 g kleine, reife Tomaten
250 g kleine Brokkoliröschen
etwas Meersalz
600 g Schnittkäse in Scheiben mit mind. 60% Fett i. Tr.
(z. B. Deutscher Butterkäse oder Wörishofener Käse)

1. Die Paprikaschoten waschen, trockenreiben, halbieren, von Stielansätzen und Kerngehäusen befreien und in kleine Rauten oder Würfel schneiden.
2. Die Frühlingszwiebeln putzen, waschen und in sehr schmale Ringe schneiden. Die Champignons putzen, waschen, trockenreiben und in dünne Scheiben schneiden.
3. Die Tomaten waschen, trockenreiben, die Stielansätze entfernen und die Früchte ebenfalls in dünne Scheiben schneiden.
4. Die Brokkoliröschen putzen, waschen, in reichlich kochendem Salzwasser bißfest garen, abgießen und eiskalt abschrecken. Das vorbereitete Gemüse getrennt in kleine Schälchen geben und bereitstellen.
5. Den Käse je nach Belieben in kleinere Scheiben oder breite Streifen schneiden und auf einer Platte anrichten. Das Raclettegerät vorheizen.
6. Die Pfännchen nach Belieben mit Gemüse bestücken, mit Käse belegen und alles im Raclettegerät einige Minuten überbacken.

ca. 695 kcal • 2910 kJ

Variationen

- Erweitern oder variieren Sie die Gemüsepalette (neutrale Sorten, S. 46) nach Lust und Laune. So bieten sich z. B. Mais, Möhren, Zucchini, Auberginen, andere Pilzsorten oder frische Sprossen und Keime an. Das Gemüse entsprechend vorbereiten und je nach Sorte kurz in Salzwasser vorgaren.
- Wenn Sie mögen, reichen Sie Bündener Fleisch, geräucherten oder luftgetrockneten Putenschinken oder Rindersalamischeiben zum neutralen Gemüseraclette.
- Gemüse-Früchte-Raclette: Wenn Sie wollen, erweitern Sie das Raclette um exotische Früchte (z. B. Ananas, Mango, Melone oder Kiwi). Es ist dann ein Eiweißgericht. Sie müßten folglich Raclettekäse (höchstens 50% Fett i. Tr.) verwenden.

Vorspeisentip

Servieren Sie vorab eine neutrale Gurkensuppe (S. 80) oder einen neutralen Salat (S. 86/87). Beides paßt zu allen vorgestellten neutralen bzw. eiweißreichen Raclettevarianten.

Beilagentips

- Zum neutralen Raclette können Sie Brot Ihrer Wahl oder kleine, gegarte Pellkartoffeln servieren. Sie erhalten dann allerdings eine Kohlenhydratmahlzeit.
- Zu allen Raclettevarianten empfehlen wir neutrale Salate Ihrer Wahl (S. 86/87). Beachten Sie, daß die Salatrezepte jeweils für 2 Personen sind.

Saucentips

- Zum neutralen Raclette paßt die sahnige Knoblauchsauce (S. 137).
- Zum eiweißreichen Raclette passen Zwiebel-Apfel-Sauce, Kokosrelish und eine feurige Tomatensauce (S. 136/137).

Getränketips

- Ein spritziges Mineralwasser paßt immer.
- Zu Eiweißgerichten können Sie auch einen trockenen Weißwein oder eine Weinschorle anbieten.

Desserttips

- Wir empfehlen ein Orangen-Sahne-Eis oder ein Aprikoseneis (S. 90/91, Eiweißgruppe). Die Mengen entsprechend ändern.
- Reichen Sie nach einem kohlenhydratreichen Raclette Streuselplätzchen (S. 71) oder Trockenobst-Nuß-Schnitten (S. 73).

TEFAL
TEFAL

Fischbrühfondue

Vorbereitungszeit:
ca. 40 Minuten

Für 4 Personen

250 g frischer Blattspinat
2 kleine, feste Zucchini
125 g Mungo- oder Sojabohnensprossen
2 große Möhren
½ Bund Dill
1 mittelgroße Stange Lauch
je 250 g frische Lachs-, Seelachs- und Kabeljaufilets
8 frische, gepulte Hummerkrabbenschwänze
einige Scheiben einer unbehandelten Zitrone
2 l heiße vegetarische Gemüsebrühe (aus Instantpulver zubereitet)

1. Den Spinat verlesen, putzen, waschen und anschließend gut abtropfen lassen.
2. Die Zucchini waschen, trockenreiben, putzen, der Länge nach halbieren und in dünne Scheiben schneiden. Die Sprossen kurz abspülen und abtropfen lassen.
3. Die Möhren putzen, waschen und in ganz feine Scheiben hobeln. Den Dill waschen und trockenschwenken.
4. Den Lauch putzen, der Länge nach halbieren, gründlich waschen und quer in sehr dünne Streifen schneiden. Das Gemüse getrennt in kleine Schüsseln geben und auf dem Tisch bereitstellen.
5. Den Fisch und die Krabben abwaschen und trockentupfen. Die Filets in mundgerechte Stücke schneiden, zusammen mit den Krabben auf einer Platte anrichten und mit Dillzweigen sowie den Zitronenscheiben hübsch garnieren.
6. Den Fonduetopf mit der heißen Brühe füllen und auf das Rechaud stellen. Nach Belieben Fisch- und Gemüsestücke in kleine Siebe geben und das Ganze 3 bis 5 Minuten in der Brühe garen.

ca. 395 kcal • 1650 kJ

Variationen

- Variieren oder erweitern Sie die Gemüsepalette (neutrale Sorten, S. 46) nach Lust und Laune. So bieten sich z. B. Mais, Zucchini, Brokkoli- oder Blumenkohlröschen, grüne Erbsen oder Paprikaschoten an. Die Garzeiten der einzelnen Gemüse sind recht unterschiedlich.
- Auch die Fischsorten können Sie nach Vorlieben und saisonalem Angebot variieren.

Beilagentip

Zum feinen Fischfondue passen neutrale oder eiweißreiche Salate (S. 82 bis 87). Sie können diese auch als Vorspeise reichen. Die Mengen müssen entsprechend der Personenanzahl angeglichen werden.

Saucentip

Zum Fischfondue passen alle auf den Seiten 136 und 137 vorgestellten Saucen. Wählen Sie etwa drei Rezepte nach Ihren Vorlieben aus.

Getränketip

Bieten Sie einen trockenen, leichten Weißwein sowie Mineralwasser mit einem Spritzer Zitronensaft an.

Desserttip

Wählen Sie eine Nachspeise aus der Eiweißgruppe aus (S. 88 bis 91). Die Rezepte sind stets für 2 Personen gedacht. Vervielfachen Sie die Zutatenmengen entsprechend.

Tip

Statt des klassischen Fonduetopfes können Sie auch einen sogenannten mongolischen Feuertopf verwenden.

Gemüsebrüh-fondue

Vorbereitungszeit:
ca. 40 Minuten

Für 4 Personen

1 kleiner Blumenkohl (ca. 500 g)
150 g frischer, junger Spinat
1 mittelgroßer Zucchino (ca. 200 g)
300 g frische Champignons
2 große rote Paprikaschoten
2 große Möhren
150 g frische Sprossen (z. B. Mungo- oder Sojabohnensprossen)
400 g Schafskäse, in Lake eingelegt
ca. 2 l vegetarische Gemüsebrühe (aus Instantpulver zubereitet)

1. Den Blumenkohl putzen, in kleine Röschen teilen und in leicht gesalzenem Wasser bißfest garen. Den Spinat verlesen, putzen, gründlich waschen und gut abtropfen lassen.
2. Den Zucchino putzen, waschen, trockenreiben und in etwa ½ cm dicke Scheiben schneiden. Die Champignons putzen, waschen, trockentupfen und je nach Größe in 4 oder 6 Teile schneiden.
3. Die Paprikaschoten waschen, trockenreiben, halbieren, entkernen und in mundgerechte Rauten schneiden. Die Sprossen gut abspülen und abtropfen lassen. Den Käse in kleine Würfel schneiden.
4. Die Möhren putzen, waschen und in dünne Scheiben oder kurze, schmale Stifte schneiden. Das vorbereitete Gemüse und den Schafskäse in verschiedenen Schalen anrichten. Einen Fondue- oder Feuertopf bis zu zwei Drittel mit der Brühe füllen und auf das Rechaud stellen.
5. Später die kleinen Siebe mit den Spinatblättern auslegen, je einen Würfel Käse in die Mitte geben und alles für 3 bis 4 Minuten in der heißen Brühe garen lassen.
6. Nach Belieben zusätzlich einen Gemüsespieß zusammenstellen und diesen einige Minuten in der Brühe garen.

ca. 370 kcal • 1550 kJ

Variationen

- Erweitern oder variieren Sie die Gemüsepalette (neutrale Sorten, S. 46) nach Lust und Laune. Neben den diversen Gemüsen bieten sich auch andere Pilze, frische Keime oder Sprossen Ihrer Wahl an.
- Wenn Sie mögen, reichen Sie Bündener Fleisch, geräucherten oder luftgetrockneten Putenschinken zum Gemüsefondue.

Vorspeisentip

Siehe Salatempfehlung unter Beilagentips.

Beilagentips

- Zu allen Fonduevarianten empfehlen wir neutrale Salate Ihrer Wahl (z. B. S. 86/87). Zum kohlenhydratreichen Fondue können Sie auch Salate aus der Kohlenhydratgruppe (S. 108 bis 110) servieren. Die Mengen der Zutaten in den Beispielrezepten bitte entsprechend vervielfachen.
- Pellkartoffeln oder Vollkornbaguette als Beilage machen aus diesem neutralen Fondue eine Kohlenhydratmahlzeit.
- Reichen Sie zusätzlich Oliven, frisch gehackte Kräuter, Zwiebelringe, frische Nüsse und Gewürze.

Saucentip

Am besten passen Kokosrelish, Tomaten-Kräuter-Sauce und sahnige Knoblauchsauce (S. 136 und 137). Die eiweißreichen Saucen machen aus dem Fondue eine Eiweißmahlzeit. Dies bitte bei der Menüzusammenstellung beachten.

Getränketip

Servieren Sie einen geeisten Pfefferminztee sowie ein spritziges Mineralwasser.

Desserttips

- Wir empfehlen zum neutralen Fondue ein Orangen-Sahne-Eis (S. 90) oder ein Aprikoseneis (S. 91). Die Zutatenmengen entsprechend angleichen.
- Reichen Sie nach dem kohlenhydratreichen Fondue Streuselplätzchen (S. 71), Müslihäufchen (S. 72) oder Trockenobst-Nuß-Schnitten (S. 73).

Fondue-
& Raclettesaucen

Kokosrelish

Zubereitungszeit:
ca. 25 Minuten

Für 4 Personen

2 Zwiebeln
2 EL kaltgepreßtes Sonnenblumenöl
2 TL mildes Currypulver
1 Döschen Safranpulver
12 EL frisch geraspeltes Kokosfleisch
200 ml süße Sahne
1½ TL Kräutersalz
2 Msp. Cayennepfeffer
2 durchgepreßte Knoblauchzehen
1 große, reife Mango

1. Die Zwiebeln schälen, sehr fein hacken und in dem heißen Öl glasig dünsten. Curry, Safran und Kokosfleisch darunterrühren.
2. Die Sahne mit 5 Eßlöffeln Wasser verdünnen und unter die Zwiebel-Kokos-Masse rühren. Das Ganze mit dem Salz sowie dem Cayennepfeffer abschmecken und den Knoblauch dazugeben. Alles umrühren, einmal aufkochen lassen und vom Herd nehmen.
3. Die Mango schälen, das Fruchtfleisch vom Kern abschneiden, in ganz kleine Würfel schneiden und unter das Relish heben.
(auf dem Foto: rechts)

ca. 430 kcal • 1800 kJ

Tip

Das Kokosrelish schmeckt sowohl lauwarm als auch kalt sehr gut.

Zwiebel-Apfel-Sauce

Zubereitungszeit:
ca. ½ Stunde

Für 4 Personen

2 Zwiebeln
2 säuerliche mürbe Äpfel (z. B. Boskop)
2 EL Zitronensaft
250 ml trockener Weißwein
1 Zimtstange
160 ml süße Sahne
2 EL abgeriebene Schale einer unbehandelten Zitrone
ca. ½ TL Cayennepfeffer
ca. 1 EL frisch gemahlener Ingwer
1–2 TL Anispulver
1–2 TL mildes Currypulver
½ TL Meersalz

1. Die Zwiebeln schälen und in grobe Würfel schneiden. Die Äpfel schälen, halbieren, die Kerngehäuse entfernen und das Fruchtfleisch anschließend grob zerkleinern.
2. Zwiebel- und Apfelwürfel in einen Kochtopf geben, mit dem Zitronensaft beträufeln und den trockenen Weißwein dazugießen. Die Zimtstange hinzufügen, den Topf mit dem Deckel schließen und danach alles etwa 20 Minuten bei schwacher bis mittlerer Hitze köcheln lassen.
3. Anschließend die Zimtstange herausnehmen. Das Zwiebel-Apfel-Gemisch abkühlen lassen und dann mit einem Schneidstab oder im elektrischen Mixer fein pürieren.
4. Die Sahne steif schlagen und unter das Püree heben. Das Ganze mit der abgeriebenen Zitronenschale, den Gewürzen sowie dem Salz pikant abschmecken.
(auf dem Foto: links)

ca. 205 kcal • 860 kJ

Tip

Diese Sauce paßt auch gut zu gekochten Krabben, Garnelen oder zu gegartem Geflügelfleisch. Statt der Mango dann eine kleine Banane hineinschneiden.

Die Sauce ist im Kühlschrank zugedeckt etwa 2 Tage haltbar.

Sahnige Knoblauchsauce

Zubereitungszeit:
ca. 10 Minuten

Für 4 Personen

350 g Sahnedickmilch
150 g saure Sahne
100 g süße Sahne
5 durchgepreßte Knoblauchzehen
1 TL Kräutersalz
einige Majoranblättchen

1. Die Dickmilch zusammen mit beiden Sahnesorten mit einem Schneebesen cremig aufschlagen.
2. Das Ganze mit Knoblauch und Salz kräftig abschmecken und mit dem Majoran garnieren.
(auf dem Foto: links)

ca. 240 kcal • 1005 kJ

Tips

- Die Sauce paßt auch zu gegartem Fisch oder Fleisch.
- Sie ist zudem ein prima Dip für Gemüse.

Tomaten-Kräuter-Sauce

Zubereitungszeit:
ca. 20 Minuten

Für 4 Personen

500 g reife Tomaten
je 2 TL fein gehackter Thymian und Oregano
1 TL fein gehackter Majoran
1 TL Cayennepfeffer
1–2 durchgepreßte Knoblauchzehen
1 TL Kräutersalz

1. Die Tomaten waschen, halbieren, von den Stielansätzen befreien und in wenig Wasser 5 bis 8 Minuten kochen lassen. Alles durch ein Sieb streichen.
2. Das Tomatenmus kräftig mit den Kräutern sowie Gewürzen, Knoblauch und Salz abschmecken.
(auf dem Foto: rechts)

ca. 25 kcal • 105 kJ

Tip

Die Sauce paßt auch gut zu gegartem Fleisch.

Feurige Tomatensauce

Zubereitungszeit:
ca. ¼ Stunde

Für 4 Personen

400 g reife Tomaten
½ TL Cayennepfeffer
1 frische, rote Chilischote
1 TL Kräutersalz
1 TL Frutilose (Obstdicksaft aus dem Reformhaus)
5 fein gehackte Basilikumblättchen

1. Die Tomaten waschen, trockenreiben und die Stielansätze herausschneiden. Die Früchte grob zerschneiden und zusammen mit etwas Wasser etwa 5 Minuten kochen.
2. Die Masse anschließend durch ein Sieb streichen und mit dem Cayennepfeffer scharf abschmecken.
3. Die Chilischote waschen, trockenreiben, aufschlitzen, entkernen, sehr fein würfeln und unter die Tomatensauce mischen. Die Sauce mit Salz und Frutilose abschmecken und mit Basilikum bestreuen.

ca. 30 kcal • 125 kJ

Tip

Die Sauce paßt auch zu gegartem Fisch oder Fleisch.

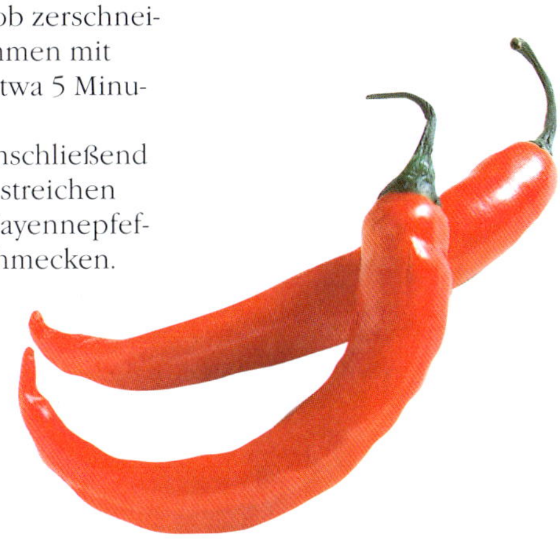

Canapés & Häppchen

Spargelhappen

Zubereitungszeit:
ca. ¼ Stunde

Für 10 Canapés

5 Scheiben eckiges Vollkornbrot
ca. 4 EL Kräuterbutter (Rezept „Maiskolben mit Knoblauchbutter" S. 78, Tip)
30 dünne Scheiben Salatgurke
ca. 10 gedünstete Spargelstangen
10 kleine Scheiben Räucherlachs
10 kleine Zweige Blattpetersilie

1. Das Brot diagonal durchschneiden. Die Dreiecke mit der Butter bestreichen, dann mit den Gurkenscheiben belegen.
2. Die Spargelstangen abtropfen lassen, in 2 bis 3 gleich große Stücke schneiden und etwa 3 Spargelstücke auf je 1 Lachsscheibe legen. Das Ganze locker zusammenrollen und auf die Gurkenscheiben setzen.
3. Die Petersilie waschen, trockentupfen und die Brote damit hübsch garnieren.
(auf dem Foto: oben links)

ca. 175 kcal • 730 kJ pro Stück

Variation

Statt Lachs kann luftgetrockneter Putenschinken oder Bündener Fleisch genommen werden.

Lachshappen

Zubereitungszeit:
ca. ¼ Stunde

Für 12 Canapés

ca. 4 Kopfsalatblätter
1 kleine Zwiebel
3 Scheiben Vollkorntoast
3–4 TL Butter
120 g Räucherlachs in Scheiben
12 kleine Dillzweige

1. Den Salat putzen, waschen, trockentupfen und in Stücke zupfen. Die Zwiebel schälen und in hauchdünne Ringe schneiden.
2. Das Brot leicht toasten, die Scheiben in je 4 gleich große Stücke schneiden und dünn mit der Butter bestreichen.
3. Den Salat auf die Toastscheibchen verteilen, den Lachs dekorativ darauflegen und alles mit Zwiebelringen sowie mit Dillzweigen garnieren.
(auf dem Foto: unten)

ca. 65 kcal • 270 kJ pro Stück

Variation

Statt Lachs können Sie etwa die gleiche Menge anderen Räucherfisch, wie z. B. Schillerlocke, Aal, Forelle oder Makrele, verwenden. Oder nehmen Sie verschiedene Fischsorten.

Camembertschnitten

Zubereitungszeit:
ca. ¼ Stunde

Für 12 Canapés

ca. 4 Kopfsalatblätter
3 Scheiben eckiges Vollkornbrot
6 TL Butter
120 g Camembert (60 % Fett i. Tr.)
6 EL Schnittlauchröllchen

1. Den Salat putzen, waschen, trockentupfen und in mundgerechte Stücke zerpflücken. Die Brotscheiben genau übereinanderlegen und anschließend in 4 Quadrate schneiden.
2. Die Brotscheibchen mit der Butter bestreichen und mit den Kopfsalatblättern belegen.
3. Den Camembert in Scheiben schneiden, auf dem Salat verteilen und alles mit dem Schnittlauch bestreuen.
(auf dem Foto: oben rechts)

ca. 95 kcal • 395 kJ pro Stück

Tip

Schmücken Sie die Canapés mit Partyfähnchen oder bunten Cocktailspießchen. Dann halten sie auch besser zusammen, sind leichter zu greifen und dadurch auch leichter zu essen.

Sellerieschiffchen

Zubereitungszeit:
ca. 25 Minuten

Für 20 bis 30 Häppchen

10 Stangen Staudensellerie
1 Zwiebel
250 g Quark (20% Fett i. Tr.)
6 EL Mineralwasser
1–2 durchgepreßte Knoblauchzehen
ca. 1 TL Meersalz
2–3 TL edelsüßes Paprikapulver
1 Bund Schnittlauch, in Röllchen geschnitten

1. Die einzelnen Stangen von der Staude abschneiden, putzen, von den Fäden befreien. Dann gründlich waschen, trockentupfen und jeweils zwei- bis dreimal quer durchschneiden. Das frische Grün dabei nicht entfernen. Die Zwiebel schälen und fein hacken.
2. Den Quark zusammen mit dem Mineralwasser cremig rühren und die Zwiebelwürfel sowie den Knoblauch daruntermischen. Das Ganze mit dem Salz abschmecken.
3. Die Quarkmischung in einen Spritzbeutel mit großer Sterntülle geben und die Selleriestangen damit füllen. Das Ganze mit dem Paprikapulver und dem Schnittlauch bestreuen.
(auf dem Foto: oben)

ca. 20 kcal • 85 kJ pro Stück

Garniertip

Setzen Sie Segel, indem Sie die Schiffchen mit Papierfähnchen bestücken.

Gefüllte Tomaten

Zubereitungszeit:
ca. ½ Stunde

Für 16 Häppchen

8 kleine Tomaten
1 reife Avocado
2 EL Zitronensaft
160 g Doppelrahmfrischkäse
1 Knoblauchzehe
½ TL Kräutersalz
1 Päckchen Kresse

1. Die Tomaten waschen, trockenreiben, die Stielansätze vorsichtig herausschneiden, die Früchte längs halbieren und mit einem Teelöffel aushöhlen.
2. Die Avocado durchschneiden, den Kern herauslösen, das Fruchtfleisch mit einem Löffel herauskratzen und sofort mit dem Zitronensaft beträufeln.
3. Das Avocadofleisch zusammen mit dem Frischkäse pürieren. Das Ganze mit Knoblauch und Salz abschmecken.
4. Die Avocado-Käse-Masse in einen Spritzbeutel mit Sterntülle füllen und in die Tomatenhälften spritzen. Die Kresse abschneiden, abspülen, trockentupfen und die Tomaten damit garnieren.
(auf dem Foto: unten)

ca. 60 kcal • 250 kJ

Tip

Besonders nett wirkt es, wenn Sie Cocktailtomaten zum Füllen nehmen. Bereiten Sie etwa 20 Tomaten vor, indem Sie jeweils Deckel abschneiden und die Früchte vorsichtig aushöhlen.

Register

Rezeptverzeichnis

Frühstück, Abendessen & Zwischenmahlzeiten

Gebäck

Vorspeisensuppen

Vorspeisensalate

Gemüse- & Käsevorspeisen

Desserts

Hauptgerichte

Reis- & Getreidegerichte

Nudelgerichte

Kartoffelgerichte

Gerichte mit Fleisch

Gerichte mit Geflügel

Gerichte mit Fisch & Meeresfrüchten

Gerichte mit Gemüse & Pilzen

Suppen & Eintöpfe

Pikante Kuchen

Aufläufe & Gratins

Salate

Gerichte für Gäste

Fondues & Raclettes

Fondue- & Raclettesaucen

Canapés & Häppchen

Erklärung der Symbole

- Kohlenhydratgericht
- Eiweißgericht
- neutrales Gericht

Von derselben Autorin sind im FALKEN Verlag bereits erschienen:
„Das große Buch der Trennkost“ (4498)
„Die aktuelle Trennkost“ (4685)
„Schlank werden nach Dr. Hay – Trennkost“ (4298)
„Schlank durch Trennkost“ (4475)
„Trennkost“ (4811)

Zum gleichen Themenbereich sind im FALKEN Verlag außerdem erschienen:
„Schnelle Trennkostküche“ (4746)
„Das kleine 1 x 1 der Trennkost“ (1428)
„Alles über die Haysche Trennkost“ (4711)

Die Deutsche Bibliothek – CIP-Einheitsaufnahme

Summ, Ursula:
Leben mit Trennkost: mit grossem Rezeptteil; mit Yoga- und Schwingungsübungen; mit Fitness- und Gesundheitstips / Ursula Summ. –
Niedernhausen/Ts.: FALKEN, 1995
ISBN 3-8068-4760-6

ISBN 3 8068 4760 6

Umschlaggestaltung: Bayerl & Ost, Frankfurt a. M.
Gestaltung: Christa Johanna Gramm
Lektorat: Ingrid Ahnert, Silvia Faller und Birgit Wenderoth
Redaktion: Silvia Faller und Birgit Wenderoth
Herstellung: Jürgen Domke und Andrea Keller
Titelbild: Foto oben: TLC-Foto-Studio GmbH, Velen-Ramsdorf; Foto unten: Studio Team GmbH, Langen
Fotos: Foto-Blum, Rennerod: Seite 6 r.; **Gisela Kelbert**, Idstein: Seite 4, 25, 37 o., 39; **Ulrich Niehoff**, Bienenbüttel: Seite 16; **Reinhard-Tierfoto**, Heiligkreuzsteinach-Eiterbach: Seite 2/3, 7, 15, 23, 28, 41; **H.J. Schwarz**, Idstein: Seite 1, 6 li., 12 o.; **Silvestris Fotoservice**, Kastl/Obb.: Seite 52, 53 **(Siegfried Kerscher)**, Seite 38 **(Josef Kuchelbauer)**, Seite 35 re. **(Detlef Mohn)**, Seite 20 **(Norbert Rosing)**; **Studio Team GmbH**, Langen: Seite 5 o., 21 u., 22 u. li., 22 u. re., 27, 29, 30, 31, 32, 33 li. o., 33 u., 37 u.; **FALKEN Archiv**: **Anschlag & Goldmann**: Seite 19 li. o. / **Fotostudio Eberle**: Seite 56 / **Wolfgang Feiler**: Seite 5 u., 10 o., 18 li., 45 li. o., 47 li. 3. v. o., 47 li. 2. v. u., 140 o., 140 u. li., 144 u. li. / **Rolf Feuz**: Seite 46 re. u., 47 li. u., 54 u., 59 o. / **Edith Gerlach**: Seite 46 li. u. / **Photographie Brigitte Harms**: Seite 35 li. / **Ulrich Kopp**: Seite 8, 45 li. 2. v. u., 46 li. o., 58 li. o. / **Petra Oetelshofen**: Seite 61 / **Photo-Illustrations Ltd.**: Seite 19 re., 24, 33 re. o., 34 / **Studio R. Schmitz**: Seite 46 re. o. / **Studio Team GmbH**: Seite 42 / **T. + E. Creative Fotografie + Styling**: Seite 45 li. u. / **TLC-Foto-Studio GmbH**: Seite 12 u., 18 re. o., 21 o., 22 o., 36, 45 li. 2. v. o., 45 re. o., 45 re. u., 46 re. Mi., 47 li. o., 47 li. 2. v. o., 48, 49, 54 o., 55, 58 li. u., 58 re. o., 58 re. u., 59 u., 60, 83 u., 140 u. re. / **Michael Wissing BFF**: Seite 72 li., 127 re., 143 re.; alle übrigen Fotos: **TLC-Foto-Studio GmbH**, Velen-Ramsdorf

Die Ratschläge in diesem Buch sind von der Autorin und vom Verlag sorgfältig erwogen und geprüft, dennoch kann eine Garantie nicht übernommen werden. Eine Haftung der Autorin bzw. des Verlags und seiner Beauftragten für Personen-, Sach- und Vermögensschäden ist ausgeschlossen.

Satz: Katja Peteratzinger, Hünstetten
Druck: Karl Neef GmbH & Co., Wittingen

817 2635 4453 6271